RÈGLEMENT SPÉCIAL

SUR

LA COMPTABILITÉ

DU MINISTÈRE

DES TRAVAUX PUBLICS.

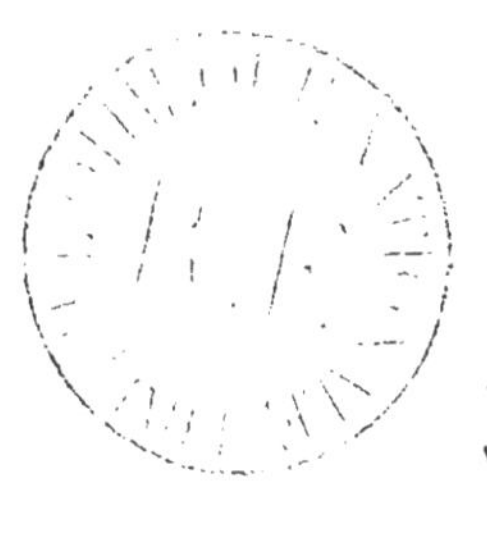

PARIS,

IMPRIMERIE ET LIBRAIRIE ADMINISTRATIVES DE PAUL DUPONT,

RUE DE GRENELLE-SAINT-HONORÉ, N° 55.

—

1850

TABLE DES MATIÈRES.

RÈGLEMENT SPÉCIAL.

TITRE Ier.

DISPOSITIONS GÉNÉRALES.

TITRE II.

SERVICE DES PONTS ET CHAUSSÉES.

COMPTABILITÉ DU CONDUCTEUR.

COMPTABILITÉ DE L'INGÉNIEUR ORDINAIRE.

COMPTABILITÉ DE L'INGÉNIEUR EN CHEF.

TITRE III.

SERVICE DES BATIMENTS CIVILS.

TITRE IV.

COMPTABILITÉ DES PRÉFETS.

RAPPORT

AU PRÉSIDENT DE LA RÉPUBLIQUE.

Paris, le 28 septembre 1849.

MONSIEUR LE PRÉSIDENT,

Une comptabilité simple, uniforme, et précise est nécessaire à la bonne administration des fonds destinés à l'exécution des travaux publics.

Dans le service dont vous m'avez confié la direction, la justification des principales dépenses a pour base la constatation immédiate des travaux, et cette constatation, qui embrasse des détails nombreux et variés, est souvent entravée au milieu des chantiers par des difficultés matérielles.

L'administration des travaux publics a fait de louables efforts pour se conformer scrupuleusement aux prescriptions des lois de finances réunies en un véritable code dans l'ordonnance générale du 31 mai 1838. Un règlement spécial, promulgué le 16 septembre 1843, est en vigueur depuis cette époque. Cependant les comptes des derniers exercices ont été l'objet d'observations consignées dans les rapports des commissions législatives et de la Cour des comptes.

J'ai dû rechercher les causes de l'incertitude des résultats obtenus par le mode actuel de la comptabilité des travaux publics. Il m'a paru que les comptes individuels qui servent de base et de point de départ aux comptes généraux n'avaient pas été établis avec assez de soin. La régularité de ces derniers comptes ne serait cependant qu'apparente, si elle ne reposait pas sur des écritures élémentaires tenues avec une scrupuleuse précision par les agents les plus rapprochés des travaux.

Cette opinion a été partagée par des hommes expérimentés, que j'ai réunis en commission et consultés sur les moyens de combler cette lacune du règlement de 1843 (1).

Ils ont exploré de la manière la plus approfondie les différentes sources où se puisent les renseignements qui sont transmis par les divers préposés de l'administration, depuis la base jusqu'au sommet de la hiérarchie.

Ces investigations m'ont conduit à reconnaître l'insuffisance des méthodes suivies jusqu'à ce jour dans les départements, pour constater sans retard, sans omission, et sur le lieu même de leur exécution, tous les faits du service qui engagent ma responsabilité.

J'ai, en conséquence, l'honneur de vous présenter un règlement dont l'exécution donnera des garanties d'exactitude qui, jusqu'à présent, n'existaient point dans la rédaction des comptes généraux.

En même temps, on s'est attaché à simplifier la comptabilité, en la dégageant des formalités qui n'ont pas été jugées indispensables. On a étendu les attributions comptables des ingénieurs et des préfets, dans le but d'abréger les détails du payement, et de réserver l'action de l'administration centrale pour les affaires importantes.

Je vous prie de vouloir bien revêtir de votre approbation ce règlement nouveau, après avoir apprécié les motifs de ses dispositions, qui sont exposés dans le rapport de la commission.

Ce dernier travail ne doit pas être séparé du règlement, dont il fait connaître le but et la portée. C'est l'instruction la plus complète qui puisse être mise entre les mains des agents chargés de constater et de contrôler les dépenses des travaux publics.

Je signale à votre attention, Monsieur le Président, le concours utile et zélé qui m'a été prêté par MM. les membres de la commission. C'est un nouveau service rendu à l'administration et au pays par MM. D'Audiffret, Victor Masson et Chenin, qui ont contribué à créer et à perfectionner le système de la comptabilité générale des finances.

Je suis avec respect,

Monsieur le Président,

Votre très-dévoué serviteur.

Le Ministre des travaux publics,

T. LACROSSE.

---

(1) Cette commission a été formée par un arrêté du 20 janvier 1849 (voir page 9).

RAPPORT

SUR

LA COMPTABILITÉ DES TRAVAUX PUBLICS.

SOMMAIRE.

RAPPORT

SUR

SUR LA COMPTABILITÉ DES TRAVAUX PUBLICS.

Exposition préliminaire.

MONSIEUR LE MINISTRE,

En acceptant l'administration des travaux publics, après une révolution qui venait d'ébranler toutes les bases de l'ordre, vous avez voulu connaître avec exactitude la situation du service important dont vous preniez la responsabilité. Les lenteurs et les embarras que vous avez rencontrés, dès l'abord, dans l'apurement des opérations antérieures, dans l'établissement des comptes périodiques, dans la haute surveillance et le contrôle successif des faits exécutés, d'après vos directions, par des agents subordonnés qui consomment annuellement plus de 100 millions de crédits législatifs sur tous les points du territoire, vous ont révélé l'imperfection et l'insuffisance des formes actuelles de la comptabilité des ponts et chaussées et des bâtiments civils. Eclairé par les études de votre carrière administrative et parlementaire sur la nécessité, plus impérieuse que jamais, de répandre la lumière et de faire régner la règle et la méthode dans tous les détails d'un aussi grand département ministériel, pour en dominer l'ensemble et pour en maîtriser les mouvements, vous nous avez chargés de faire une révision approfondie des procédés analytiques et des écritures descriptives qui ont été adoptés jusqu'à ce jour, pour constater et pour suivre, dans tous ses degrés, l'exécution des nombreux services ressortissant à votre administration (1). Nous croyons avoir accompli cette laborieuse mission

---

(1) Arrêté du 20 janvier 1849 :

LE MINISTRE DES TRAVAUX PUBLICS

ARRÊTE ce qui suit :

ART. 1er.

Il est nommé près du ministère des travaux publics une commission chargée

dans toute son étendue, et nous devons vous présenter nos observations, ainsi que les vues d'améliorations qui nous ont été
suggérées par l'examen et par la discussion des formules et des
justifications défectueuses d'un mode de comptabilité reconnu
incomplet.

Pour atteindre sûrement le but difficile qui nous était marqué
par la prévoyance du gouvernement, celui d'assurer l'exactitude,
la clarté et la promptitude dans l'établissement des écritures qui
retracent tous les pas de la marche des dépenses publiques, il ne
suffisait point d'arrêter notre attention sur la tenue plus ou moins
régulière des registres prescrits à l'administration centrale par
les ordonnances des 14 septembre 1822 et 31 mai 1838, ni même
de nous appliquer à revoir les modèles d'états de mois et d'années exigés, en vertu de ces dispositions générales, de chacun des
préposés des départements, pour servir d'éléments au journal
et au grand-livre du ministère; il fallait encore vérifier s'il existait, sur les lieux mêmes de l'accomplissement des travaux, dans
les divers ateliers et pour tous les fonctionnaires chargés de
créer les charges et d'en compter à l'ordonnateur responsable,
un système d'écritures journalières dont le mécanisme simple et
rapide pût saisir, au moment précis de leur existence, sans interruption, sans lacune et sans altération rétroactive, tous les
droits acquis par les créanciers de l'Etat. Tel était le véritable
point de départ de l'exploration que nous devions entreprendre,
puisque c'était surtout de cette première source de la comptabilité administrative que devaient découler toutes les traditions de
la vérité ou de l'erreur, de la régularité ou du désordre, depuis
les résultats les plus élémentaires jusqu'à ceux des comptes généraux et définitifs.

Nous avons, en conséquence, interrogé sur ce point fonda-
mental la division chargée de réunir et de coordonner les résultats partiels de tous les services pour en composer l'ensemble,
et nous avons été surpris d'apprendre qu'elle avait été rendue,
par une combinaison systématique, entièrement étrangère à l'or-

---

d'examiner l'état actuel de la comptabilité du ministère et de toutes les questions
qui s'y rattachent, de proposer les mesures propres à assurer la régularité des
écritures, la distribution des fonds et le contrôle des résultats.

Art. 2.

La commission se fera remettre toutes les instructions et documents relatifs à
la comptabilité; elle recueillera tous les renseignements nécessaires et pourra appeler dans son sein les chefs des divers services.

Art. 3.

Sont nommés membres de cette commission :
MM. d'Audiffret, président de chambre à la Cour des comptes ;
    V. Masson, maître des requêtes au Conseil d'Etat ;
    Et Chenin, inspecteur des finances.
La commission se réunira sous la présidence de M. d'Audiffret.
Paris, le 20 janvier 1849.

Signé T. LACROSSE.

ganisation et à la direction des formes suivies dans les comptabilités tributaires de son travail récapitulatif.

Nous avons regretté, dans cette circonstance, de ne trouver nulle part, au milieu d'une aussi grande administration, l'autorité spéciale qui est exclusivement chargée, dans quelques autres ministères, d'imposer le joug d'un ordre analytique et uniforme à toutes les parties du service, qui les rattache les unes aux autres par les liens de la méthode, et qui les éclaire, par des instructions adressées aux divers agents d'exécution, sur le véritable caractère et sur le but final de chacune des opérations dont elle doit préparer sans cesse, de la base au sommet, les preuves justificatives et l'application régulière aux différents chapitres du budget. Privés, au début de la route que nous avions à parcourir, de ce précieux point d'appui et de ce guide expérimenté que l'on devrait toujours établir dans le centre même de chaque ministère, nous avons dû réclamer le concours des ingénieurs, afin de connaître les formules qu'ils s'étaient créées dans les départements pour le service des ponts et chaussées, et recourir également aux fonctionnaires extérieurs des bâtiments civils, pour vérifier les divers procédés adoptés dans cette seconde partie des travaux publics.

Enfin, pour répondre autant que possible à l'intention de l'arrêté du 20 janvier 1849, qui a créé notre commission, nous avons voulu connaître d'abord les règlements et les instructions sur lesquels repose la comptabilité actuelle ; passant ensuite de la règle écrite à son application matérielle, nous avons exploré tous les faits du service, depuis le travail des subordonnés inférieurs jusqu'au compte général que le ministre doit publier chaque année. Ces rapprochements nous ont conduits à pénétrer dans les plus minutieux détails, et n'ont pas permis qu'une irrégularité, une insuffisance ou une lacune échappassent à nos investigations.

La *comptabilité administrative* des dépenses ne date, en France, que de la loi du 25 mars 1817, et les principes n'en ont été bien posés que dans l'ordonnance du 14 septembre 1822. Avant cette époque, le gouvernement ne désirait pas se manifester au dehors, et ne s'était pas mis en mesure de rendre compte au public, ni à lui-même, *du montant réel des dépenses faites*. C'était beaucoup alors, et tout ce qu'on pouvait faire, d'établir *le compte des dépenses payées ;* de là ces réticences déplorables et tardivement révélées, qu'on nommait *arriérés, déficits,* et enfin *déchéances.*

Le besoin général de publicité qui s'impose aux gouvernements représentatifs n'a pas permis longtemps qu'on s'arrêtât devant les ombrages et les obstacles qui avaient fait reculer les gouvernements antérieurs. Il a fallu que l'administration nouvelle *perfectionnât ses méthodes de comptabilité,* de manière à pouvoir *rendre compte de tous ses actes,* lorsqu'ils engageaient l'État envers des tiers.

De graves empêchements se sont présentés d'abord, non pas seulement dans les ministères où l'on se borne à recevoir et à payer des sommes d'argent, mais surtout dans ceux où l'Etat emploie des matières premières, dirige des constructions, passe des marchés, acquiert et consomme des denrées et des matériaux de toute espèce. Tels sont notamment le ministère de la marine, le ministère de la guerre et celui des travaux publics.

CHAPITRE Ier.

COMPTABILITÉ DES PONTS ET CHAUSSÉES.

CONSIDÉRATIONS GÉNÉRALES.

Nous commencerons notre examen par le plus important des deux grands services de ce dernier ministère, par celui qui embrasse toutes les voies de communication de la France. Nous avons reconnu, dès le début de notre tâche, qu'aujourd'hui encore on n'y a pas entièrement triomphé de la difficulté de tout écrire. Le travail des ponts et chaussées se complique d'opérations très-diverses, et qu'il est souvent plus facile d'effectuer matériellement que de traduire en chiffres.

Ce n'est pas que les prescriptions législatives et réglementaires aient manqué depuis trente ans à ce grand service; on y a imposé, comme ailleurs, à tous les agents, des *formes d'écritures* et des modèles d'états ou de tableaux au moyen desquels *ils devaient constater toutes les dépenses faites* et en rendre compte à l'administration supérieure. De louables efforts ont été faits, tant par cette administration que par plusieurs des préposés secondaires, pour atteindre ce double résultat; l'ordonnance générale du 31 mai 1838 en a facilité les moyens, en retraçant d'une manière très-explicite toutes les règles de la comptabilité des dépenses publiques. Plus tard, un règlement spécial a été rendu, sous la date du 16 septembre 1843, et enfin, des circulaires ministérielles ont complété cet ensemble de préceptes, sans qu'aucune impossibilité de fond ni de forme ait été opposée à leur application.

Néanmoins, le 3 février 1848, un inspecteur divisionnaire en tournée adressa au ministre un rapport ayant pour titre : « Observations sur la tenue des attachements qui servent de base à *la rédaction des états de dépenses* »

Chaque art a ses termes techniques : dans la langue des ponts et chaussées, *l'attachement* est un acte journellement employé pour *constater les travaux faits* pour le compte de l'administration. On l'appelle ainsi, probablement parce que son caractère essentiel est de lier deux intérêts réciproques, celui de l'entrepreneur qui a exécuté les travaux, et celui de l'Etat, qui, dès lors, en doit le prix. Quoi qu'il en soit, lorsque *l'attachement* a été régulièrement formulé par le conducteur d'un chantier, et ensuite reconnu exact par l'entrepreneur, il devient un acte *synallagmatique*, dont l'importance est facile à concevoir, puisqu'il fixe des droits respectifs. L'administration ne saurait donc mettre trop de soin à ce que ces sortes d'actes soient faits dans les meilleures conditions possibles *de célérité, de précision, d'authenticité, d'exactitude et même d'uniformité.*

Malheureusement, le rapport du 3 février 1848 n'annonçait rien de semblable : on y dit textuellement que les ingénieurs en chef des départements ne *s'occupent pas de rechercher si les quantités portées en dépenses sont exactes;* que les ingénieurs ordinaires eux-mêmes ne demandent pas toujours aux conducteurs des *métrages complets et réguliers;* que souvent ces métrages sont rédigés par les conducteurs *d'après les notes du piqueur, qui sont ensuite anéanties.*

« J'ai trouvé, dans des états de situation, ajoute l'auteur du
« rapport, des quantités considérables de terrassements et de
« dragages *qui n'étaient justifiées par aucun attachement.* Cette ma-
« nière de procéder pourrait donner lieu aux désordres les plus
« graves : toute quantité qui n'est pas justifiée par un attache-
« ment ne peut être admise dans les comptes.

« Dans le génie militaire, les attachements sont tenus avec
« une régularité et un ordre parfaits. Aucun métrage n'est omis,
« et la vérification d'un état est aussi facile après dix années que
« le jour où il a été rédigé. Tous les attachements sont consignés
« sur des registres reliés. La même méthode pourrait évidem-
« ment être adoptée pour le service des ponts et chaussées. »

Ce rapport excita si vivement la sollicitude du ministre, que le 11 du même mois de février 1848 il institua une commission d'inspecteurs divisionnaires, à l'effet d'organiser, pour tous les services dépendants de son ministère, un *système uniforme d'attachements.*

Mais peu de temps après cette détermination survint la révolution du 24 février. Les changements politiques qui s'ensuivirent eurent naturellement pour effet de suspendre toutes les mesures qui n'avaient qu'un intérêt d'amélioration administrative : néanmoins, il fut possible à la commission de se réunir quelques mois plus tard ; le résultat de ses travaux a été consigné dans un rapport du 11 juillet 1848. On y démontre parfaitement l'irrégularité des moyens employés jusqu'alors pour *constater et pour décrire le montant réel des dépenses faites;* ensuite, la commission propose, comme remède spécifique, *l'amélioration des attachements* sous tous leurs aspects.

Il sera très-utile, sans doute, d'exiger que les conducteurs dressent dorénavant ces actes avec plus de ponctualité ; qu'ils les inscrivent, non plus sur des feuilles volantes, mais sur des carnets portatifs ; que les faits inscrits sur ces carnets *soient liés entre eux* par l'enchaînement des dates ; enfin, qu'on imprime un *caractère obligatoire* à la tenue de ces carnets, et un *type uniforme* à leur rédaction (1).

---

(1) On trouve, dans le *Dictionnaire des Travaux publics,* publié en 1835 par
M. Tarbé de Vauclairs, inspecteur général des ponts et chaussées, à l'article *At-*

Mais ces mesures particulières n'ont pas paru suffisantes pour réaliser l'amélioration fondamentale que veut atteindre l'arrêté du 20 janvier 1849. Il est indispensable, et heureusement il est possible, de faire beaucoup plus et beaucoup mieux.

Dès qu'une livraison a été reçue par un agent public, dès qu'une portion de travail, dont le prix *se mesure sur une quantité*, est accomplie pour le compte de l'Etat, il y a *dépense faite* ; quand même le payement n'en serait pas effectué, il y a créance ouverte à des tiers contre le trésor.

Une comptabilité administrative n'est fidèle qu'autant *qu'elle constate tous les faits à mesure qu'ils se réalisent* ; elle n'est rassurante qu'autant qu'elle inscrit ces faits sur un registre authentique, et sans possibilité ultérieure d'y être changés ; enfin, elle n'est irrécusable qu'autant que chacun des faits enregistrés dans ses descriptions quotidiennes peut être justifié par des pièces probantes.

Toutefois, ce n'est pas encore assez de tant de conditions accomplies. Les faits de comptabilité, immatriculés ainsi dans un livre-journal, et avec l'appui d'un corps de preuves, offriront assurément toutes les garanties d'évidence et de vérité désirables. Mais que peut-on conclure de l'exactitude arithmétique d'un nombre infini de faits *considérés isolément ?* Pour qu'ils se démontrent par eux-mêmes, il faut nécessairement qu'on puisse les envisager dans leurs *rapports respectifs*, dans leur enchaînement continu et dans leur ensemble complet. Tel est le but où l'on parvient en reportant ces mêmes faits, du livre primitif *où ils ont d'abord été juxta-posés*, au fur et à mesure de leur exécution, dans un autre livre où on les classe suivant leur nature. Ce second registre s'appelle grand-livre, en parties doubles, ou sommier, en partie simple.

Il importe de faire remarquer qu'il s'opère ici un *déplacement méthodique des faits* ; ils passent d'un livre d'enregistrement purement chronologique dans les divisions d'un classement analytique, où la rectitude du jugement devient indispensable pour fixer l'ordre de matières servant de base à l'ouverture des comptes généraux.

Cette classification raisonnée des opérations, selon le caractère qui leur est propre, a été bien comprise et habilement exécutée par les administrations des finances et de la banque de France, ainsi que par les grands ou même les petits établissements du commerce et de l'industrie. Chaque fait qu'on lit *à sa date* sur le journal, on est sûr de le retrouver *au rang qui lui est assigné* dans les comptes du grand-livre, et surtout de l'y retrouver *pur de toute altération ou transformation* mensongère.

Mais, hors de ces méthodes, nous n'hésitons pas à le déclarer,

---

tachement, la même pensée exprimée dans les termes suivants : « Il serait à dé
« sirer que les feuilles volantes d'attachement fussent remplacées par des carnets
« et registres, à l'instar de ceux du corps du génie. »

le déplacement des chiffres produit la confusion. Au lieu d'être l'histoire des faits, le compte en apparence le mieux aligné peut n'être plus qu'une fiction, soit que certains fournisseurs tardent à émettre leurs mémoires, soit que les attachements, qui constatent les travaux faits par une simple énonciation, en laissent incomplète l'expression arithmétique, l'ingénieur chargé de dresser l'état mensuel de situation ne trouve pas, dans les documents qui lui sont transmis, des indications suffisantes. Alors, et pour combler les vides des colonnes du tableau, il les remplit avec ses propres évaluations. Une fois entraîné en dehors de la route de la vérité, on s'en écarte pendant toute l'année. Nulle concordance utile de résultats ne peut plus s'établir entre les trois agents qui prennent part au service de la dépense, c'est-à-dire les hommes d'exécution qui opèrent, les supérieurs qui dirigent, et la comptabilité qui décrit.

Ces graves inconvénients nous ont paru exister, en effet, au ministère des travaux publics. Mais nous avons été heureux de trouver, en même temps, chez les fonctionnaires supérieurs de cette administration, le plus louable empressement à rechercher avec nous tous les moyens d'y mettre un terme. Les procès-verbaux de la commission attestent avec quel soin minutieux ces moyens ont été discutés. Comme ils seront nécessairement reproduits avec détail dans l'instruction particulière qui devra être adressée aux agents d'exécution, nous ne ferons mention, dans ce rapport, que des changements les plus essentiels. Toutes les modifications découlent, au surplus, d'une pensée unique, et que nous avons déjà exprimée ; nous la résumons en ces termes : *Constater les faits primitifs* de la dépense, *le plus près possible de leur date* et du lieu *de leur réalisation ;* les transmettre fidèlement de la base au sommet, sans autre changement *que de les classer* avec régularité *et de les totaliser* périodiquement.

COMPTABILITÉ DES CONDUCTEURS.

Dans l'administration des revenus publics, le premier préposé à la réalisation des recettes est toujours un *comptable*, qui a dû, au moyen d'un certain noviciat, être mis à portée d'établir, soit par l'application d'un tarif, soit par des décomptes spéciaux, *le droit de l'État* contre les redevables. Mais, dans l'administration des dépenses du budget, les préposés de l'ordre inférieur, bien que suffisamment pourvus de l'habileté requise pour constater un fait primitif de service exécuté, peuvent quelquefois ne pas réunir toutes les connaissances nécessaires *pour liquider le montant définitif des droits acquis contre l'État* à ses créanciers, c'est-à-dire aux fournisseurs et entrepreneurs.

C'était une première difficulté relativement aux conducteurs des ponts et chaussées ; mais on est parvenu à la résoudre en subordonnant leurs calculs préalables à la révision ultérieure des ingénieurs d'arrondissement, et même, dans certains cas, à la sanction définitive de l'ingénieur en chef.

D'autres observations se sont encore produites devant la commission. Personne n'ignore que ce sont les conducteurs qui, par la force des choses, exercent l'action la plus immédiate sur l'exécution matérielle des travaux, et qui, par leur présence journalière sur les chantiers, sont le mieux à portée de *constater l'accomplissement plus ou moins régulier du service;* mais on aperçoit qu'il peut être embarrassant de surveiller les travaux à travers le mouvement des ateliers, et d'établir, à tête reposée, les calculs de la dépense faite.

Aggraver ainsi les attributions des conducteurs, nous a-t-on dit, ce sera s'exposer à plus d'un mécompte. Ce qu'on aura cru gagner pour l'ordre, en leur imposant de nouvelles écritures, on le perdra sur le temps qu'ils auraient pu passer dans les chantiers, où leur surveillance incessante est le premier besoin du service.

Ces objections étaient sérieuses, et elles ont été longuement discutées dans la commission; mais, après un débat approfondi, dans lequel on a cité plusieurs exemples des usages déjà pratiqués, nos craintes se sont entièrement dissipées. On nous a démontré que la surveillance active du conducteur sur les chantiers se conciliait très-bien avec quelques écritures d'ordre qu'il tenait déjà chez lui, d'une manière moins satisfaisante, dans ses heures de repos. Nous avons même accepté la supposition très-plausible qu'en prenant l'habitude de se rendre compte à lui-même plus exactement, il en deviendrait plus apte à surveiller les travaux, mais surtout que la participation plus régulière que prendrait le conducteur au travail administratif augmenterait son importance auprès des ouvriers et à ses propres yeux : double influence qui doit tourner à l'avantage de l'administration.

Voici donc dans quelle mesure et sous quelles garanties nous proposons de régler la participation des conducteurs des ponts et chaussées dans les opérations de comptabilité.

Chacun de ces agents sera muni d'un livre de forme portative pour le service actif, et d'une dimension plus grande pour le service sédentaire; ce livre recevra le titre de *Journal* ou *Carnet d'attachements;* il contiendra, sur la page de gauche, le libellé des opérations, et leurs résultats en quantités et en deniers; et, en regard de chaque fait, sur la page de droite, les croquis, dessins, tracés graphiques et renseignements de toute nature qui fixent la mémoire sur les diverses circonstances du service; il remplacera ainsi, par un seul livre de poche ou par un registre élémentaire, une multitude de feuilles volantes sans liaison, sans ordre et sans exactitude. Déjà, dans quelques départements, et surtout dans celui de la Seine, l'usage des carnets avait été suggéré par les nécessités du service; mais, d'une part, cet usage n'était que facultatif et livré à des combinaisons multiformes; d'un autre côté, aucun des nombreux carnets qu'on avait essayés jusqu'alors ne pouvait répondre aux besoins mieux compris d'un *enchaînement méthodique* et d'une *authenticité* d'écritures qui dérivent de l'importance attachée désormais à *la constatation primitive* de la dépense *par les conducteurs*. Nous avons donc eu à déterminer, pour ainsi dire *à priori*, la contexture et la substance, le fond et la forme de ce journal unique et rudimentaire.

Il est bon d'ajouter incidemment que la tenue obligatoire d'un pareil livre devra s'étendre jusqu'aux piqueurs ou surveillants qui pourraient être placés à la tête d'un atelier, sous les ordres du conducteur. Dans ce dernier cas, toutefois, ce préposé dirigeant devra reprendre sous sa responsabilité, et *rapporter sur son journal*, les écritures tenues par les piqueurs ses auxiliaires.

On ne doit pas s'arrêter ici aux formalités de détail qui ont été prévues pour que le journal ou carnet répondît sur tous les points à sa nouvelle destination; il suffira de dire que nous avons été puissamment secondés dans ce travail par l'expérience des ingénieurs des ponts et chaussées, et, de plus, qu'à dater du 1er juin 1849, M. l'ingénieur en chef de la Seine a fait expérimenter dans son département l'usage de ce journal ou carnet, la tenue de tous les autres livres et la rédaction des états dont l'adoption doit compléter l'application d'un régime nouveau pour les deux premiers degrés du service. Si cet essai faisait reconnaître la nécessité de quelques modifications, on pourrait les introduire au moment même de la mise en pratique générale et définitive de ces divers modèles.

Il importait que le livre que nous donnions pour base à toutes les énonciations ultérieures de la comptabilité ne pût être ni altéré ni perdu. C'est dans cette vue qu'une instruction, placée en tête du carnet, statue que tous les exemplaires seront délivrés par l'ingénieur en chef aux ingénieurs ordinaires; que ceux-ci en paraferont les pages avant de les remettre aux conducteurs ou aux piqueurs; que ces agents ne devront jamais s'en dessaisir, si ce n'est pour les rendre à l'ingénieur, quand ils auront été remplis; enfin, que cet ingénieur leur en remettra de nouveaux et conservera les anciens dans les archives de ses bureaux.

Nous avons cru devoir ajouter la dénomination de *Journal* à celle de *Carnet*, bien que la dernière seule fût usitée chez les conducteurs. Ils comprendront mieux que la tenue de ce livre est une *obligation quotidienne*, et son titre même leur apprendra que c'est un document de comptabilité qui les engage étroitement vis-à-vis de l'administration. L'instruction préliminaire porte d'ailleurs textuellement que « chaque agent est responsable de « toutes les indications qu'il consigne sur son carnet. »

Une question délicate s'est présentée à cette occasion. On s'est demandé si l'importance qui sera donnée aux chiffres portés sur les journaux des conducteurs n'exposerait pas l'administration aux conséquences de toutes les omissions, méprises, négligences ou erreurs de ces agents secondaires, la responsabilité dont parle l'instruction n'ayant pas même pour appui la garantie d'un cautionnement.

Cette appréhension, bien approfondie, n'avait pas toute l'importance qu'elle semblait offrir au premier aspect. D'abord, il faut distinguer dans le service des ponts et chaussées deux catégories de travaux essentiellement différentes : les travaux à *l'entreprise*, et les travaux *en régie*.

Pour les premiers, le marché ou l'adjudication qui déterminent le montant de la dépense ont été passés par d'autres agents que les conducteurs. Ceux-ci n'ont à intervenir que pour vérifier incessamment si chaque entrepreneur remplit avec exactitude les conditions qu'il a souscrites ; ils constatent, pendant tout le cours des ouvrages, la qualité des matériaux employés, et seulement à de certains intervalles le degré d'avancement de ces mêmes travaux. Cette constatation des droits acquis sert, il est vrai, de règle *aux payements* des *à-compte*, et, sous ce rapport, les irrégularités des conducteurs pourraient mettre l'administration à découvert ; mais, outre que celle-ci *retient toujours un dixième* pour sa garantie, jusqu'à ce que la totalité des travaux ait été terminée, le dernier à-compte n'est jamais payé *qu'après une réception définitive de l'ensemble* de l'entreprise par l'autorité supérieure. Enfin, il doit toujours être dressé de cette réception un procès-verbal authentique, au bas duquel sont apposées les signatures du conducteur, de l'entrepreneur, d'un ingénieur ordinaire et de l'ingénieur en chef.

On voit par là qu'en ce qui concerne les travaux à l'entreprise, les mentions du journal ou carnet tenu par les conducteurs ne sauraient exposer l'administration à des mécomptes préjudiciables. D'ailleurs, et par surcroît de prévoyance, tant vis-à-vis d'eux que relativement aux prétentions d'un intérêt adverse, il a été inséré dans l'instruction préliminaire une clause ainsi conçue :

« Les dépenses qui figurent sur les carnets *ne sont portées en* « *compte* qu'autant qu'elles sont ensuite *admises* par les ingé- « nieurs. *L'inscription sur le carnet ne constitue pas titre pour les* « *entrepreneurs.* »

Cette clause préservatrice est commune à tous les genres de dépenses, sans exception. Elle s'applique donc plus utilement encore *aux travaux en régie*, puisque, pour ceux-ci, le conducteur exerce sur le montant de la dépense une action plus directe que pour les travaux à l'entreprise.

Les événements extraordinaires dont nous avons été témoins depuis dix-huit mois n'ont pas toujours laissé au gouvernement la possibilité de choisir les meilleurs procédés pour les grands travaux qu'il a dû faire exécuter d'urgence ; soit que ces travaux aient été quelquefois d'une nature telle qu'il eût été impossible de les confier à des entrepreneurs, soit que les entrepreneurs n'eussent pas osé s'en charger, force a été de recourir fréquemment à l'expédient des *travaux en régie*. D'ailleurs, en temps ordinaire, ce mode d'action n'est pas tellement dénué de certains avantages qu'on ne dût quelquefois le préférer, dans l'intérêt même du trésor, aux travaux par entreprise. La régie, en effet, peut épargner à l'Etat les gains souvent trop considérables de tel ou tel entrepreneur. Elle assure, dans certaines circonstances, une exécution plus consciencieuse, plus appropriée à l'urgence du travail; enfin, elle permet aux ingénieurs de traiter directement avec des tâcherons : or ceux-ci, n'ajoutant pas à la juste rémunération de leur travail et de leurs fournitures les bénéfices aléatoires de la spéculation, offrent à l'Etat une véritable économie sur le prix total de revient.

Malheureusement, le procédé de la régie directe prive l'administration de l'incontestable avantage des allégements de prix qui peuvent résulter des adjudications au rabais. A part même ce préjudice, le trésor est obligé de se mettre beaucoup plus à découvert pour une régie que pour une entreprise. Il doit avancer des fonds au régisseur, afin que celui-ci puisse solder, chaque jour ou chaque semaine, toutes les dépenses courantes; autrement, il y aurait discrédit, renchérissement, interruption et désordre dans le service.

Les règlements limitent, il est vrai, à 20,000 francs chaque avance de fonds, et ils exigent que le chef d'une régie justifie au payeur du trésor, par des pièces régulières, l'emploi qu'il a fait de la dernière somme reçue avant de pouvoir en toucher une nouvelle.

Mais ces palliatifs ne font pas disparaître l'inconvénient de transformer en agent comptable un conducteur de travaux qui ne présente aucune garantie pécuniaire. Les dangers de cette gestion sans gage, outre qu'ils sont inquiétants pour l'Etat, le deviennent aussi pour le régisseur, qui est obligé de garder les fonds. Quelquefois il n'a d'autre abri qu'une auberge accessible à tout venant, ou une baraque construite exprès pour son usage au milieu même de son chantier.

Si, par un heureux hasard, les ateliers se trouvent peu éloignés de la résidence d'un ingénieur, les conducteurs le prient de garder leurs fonds. Alors s'établit chez ce fonctionnaire une sorte *de dépôt central d'espèces* pour les besoins de son arrondissement. Ainsi l'ingénieur, à son tour, *se transforme en un caissier*, et confond dans la même main les fonds de différentes régies qui existent dans son voisinage. Ce mode de service intervertit les rôles, déplace les responsabilités, et entrave la régularisation des comptes.

Ajoutons que le délai accordé au conducteur pour produire les pièces qui justifient l'emploi *d'une avance reçue* n'est que de trente jours. Si ce délai n'a pas été suffisant, le payeur est en droit de refuser les fonds pour une nouvelle avance. Alors le régisseur *se retire les mains vides*, et le service s'arrête faute d'argent.

Telle est la série d'embarras que présentent les travaux en ré-

gie, et spécialement *les avances de fonds* qui en sont la conséquence obligée : ils ont été blâmés par le trésor, par les ingénieurs et par la cour des comptes, chacun à son point de vue.
Mais que devait-on faire contre des obstacles qui dérivent de la
nature même des choses? Tout l'effort de la prévoyance ne peut
tendre qu'à les atténuer. On a vu que, dans certains cas, les travaux par régie peuvent être avantageux à l'Etat, et que, dans
d'autres circonstances, ce mode de service est le seul qui soit pra-
ticable. La commission n'avait donc pas la possibilité de trouver
des remèdes pour chacun des inconvénients qui viennent d'être
signalés. Elle se borne à recommander de n'employer le procédé
de la régie que quand celui de l'adjudication sera évidemment
préjudiciable ou impossible.

Au surplus, les avances de fonds deviendront désormais moins
nécessaires pour les ingénieurs, moins compromettantes pour le
trésor et moins embarrassantes pour les régisseurs, attendu que,
pour tous, *une connaissance plus rapide des véritables besoins du
service* résultera naturellement de la transmission hiérarchique
des faits de comptabilité. La nomenclature seule des divers tableaux ou états que doit dresser chaque conducteur suffira pour
faire comprendre jusqu'à quel point cette transmission successive
des faits pourra être fréquente, complète et favorable à la bonne
administration.

La commission a discuté un à un chacun des modèles dont il
s'agit. Ils sont au nombre de treize,

SAVOIR :

Nº 1. — Le Journal ou Carnet d'attachements.

Nº 1 *bis.* — Le Carnet des *avances de fonds* reçues pour
les travaux en régie, avec l'inscription
des sommes de *la main même du payeur.*

Nº 2. — La Feuille spéciale d'attachements pour
les journées d'ouvriers employés en
régie.

Nº 3. — Le Procès-Verbal de réception des matériaux dressé, comme nous l'avons dit,
par un ingénieur, et accepté ou contre-
dit explicitement par l'entrepreneur intéressé.

Nº 4. — La Feuille particulière des repiquages (ce
relevé est nécessaire pour constater les
frais de l'entretien des *routes pavées.*)

Nº 5. — Le Sommier du conducteur.

Ce registre présente le *classement
méthodique des faits de dépense,* qui sont
portés sur le journal ou carnet *dans un
ordre purement chronologique* (1).

---

(1) Voir, page 22, à propos des états 8 et 9, quelques observations qui sont
également applicables au sommier nº 5.

Le conducteur ouvre des comptes sur ce sommier à tous les articles de la sous-répartition qui limitent le maximum de la dépense autorisée, et il y reporte successivement en regard les dépenses qu'il a faites, d'après les inscriptions de son journal ou carnet.

N° 6. — État des travaux exécutés en régie à la tâche.

C'est un détail nominatif des tâcherons et de leurs travaux faits (sommairement enregistré sur le journal ou carnet d'attachements).

N° 7. — Décompte des cantonniers.

C'est un relevé mensuel de ceux qui ont été employés, indiquant leur prix de journée, la somme due à chacun d'eux, et le total pour chaque route.

Ces décomptes sont soumis à l'ingénieur, qui réunit tous ceux de son arrondissement dans un seul état n° 11.

N°ˢ 8, 8 *bis* et 9. — Trois États de situation mensuelle de tous les services confiés à la surveillance ou à la direction des conducteurs, les deux premiers concernant les travaux d'entretien, le troisième les travaux neufs ou de grosses réparations (nous reviendrons tout à l'heure sur ces états).

Annexe de 8, 8 *bis* et 9.—Métré partiel et détaillé des travaux faits sur chaque portion de route déterminée.

Des états de cette forme doivent être joints à chaque situation mensuelle, *comme preuve des résultats de métrage,* qui n'y sont portés qu'en somme totale.

N° 10. — Bordereaux des pièces adressées à la fin de chaque mois par les conducteurs à l'ingénieur de leur arrondissement.

Comme ces pièces auront, dans le nouveau système, *un caractère de documents de comptabilité,* on a jugé nécessaire de les faire spécifier dans un bordereau récapitulatif, afin d'être mis sur la voie de réclamer celles dont la production serait omise.

Les différents tableaux ou états dont on vient de donner l'énumération ne font que suppléer, avec d'utiles modifications, d'autres états du même genre qui sont actuellement fournis, tous les mois, par chaque conducteur ; on s'est contenté d'en améliorer les formules, de manière à composer un ensemble d'informations en quelque sorte solidaires, c'est-à-dire qui s'appuient les unes sur les autres. Il suit de cette nouvelle nomenclature raisonnée que la confection de ces états perfectionnés fera mieux comprendre aux conducteurs le but et la portée de leurs propres travaux, mais n'ajoutera pas une trop grande surcharge à l'ensemble des obligations qu'ils avaient précédemment à remplir.

Les états n⁰ˢ 8 et 9, sur lesquels nous nous sommes réservé quelques remarques particulières, reproduisent l'universalité des faits que le conducteur avait d'abord enregistrés, jour par jour, sur son journal ou carnet d'attachements ; mais ils les reproduisent sous des classements envisagés au point de vue de la comptabilité ou de l'administration ; ils décomposent ces faits par crédits ouverts, par catégories de dépenses, par travaux d'entretien et travaux neufs, par travaux à l'entreprise et travaux en régie ; en définitive, ces états exigent que le conducteur, pour les bien dresser, se rapproche du rôle d'administrateur et de comptable. Ici reparaît encore l'objection déjà élevée sur l'insuffisance de l'instruction de quelques-uns de ces agents. Nous avons dit comment nos craintes à cet égard avaient cédé aux explications qui nous ont été données par des ingénieurs expérimentés. Ces explications se sont trouvées très-heureusement confirmées par un rapprochement qui a été fait plusieurs fois, sous les yeux de la commission, entre tous les modèles de registres, états et tableaux que devra dresser chaque conducteur. Les cadres et les titres des colonnes sur l'état mensuel sont autant de questions si clairement posées, que le conducteur peut y répondre sans nulle hésitation. On va plus loin : il y répondra vraisemblablement sans se tromper, ou du moins il sera bientôt averti qu'il se trompe *par quelque défaut de concordance entre les divers résultats* ; en effet, les opérations classées dans les états n⁰ˢ 8 et 9 seront déjà contenues, sous forme d'enregistrement quotidien, sur le carnet d'attachements, et enfin seront contradictoirement développées par les détails portés sur les tableaux auxiliaires. En résumé, on doit conclure que cette tâche donnée au conducteur n'exigera pas plus de quelques heures par mois, lorsque plusieurs épreuves l'auront familiarisé avec l'emploi des modèles nouveaux. Certes, ce ne sera pas acheter trop chèrement l'immense avantage de pouvoir donner pour base à la comptabilité des dépenses *les faits primitifs et réels du service* (non plus évalués par des ingénieurs qui ne les connaissaient que tardivement et par des intermédiaires mal informés), mais constatés jour par jour, colligés, certifiés et classés par les agents mêmes qui ont effectué ou fait effectuer sous leurs yeux les travaux et les dépenses.

COMPTABILITÉ DE L'INGÉNIEUR ORDINAIRE.

Jusqu'ici les faits élémentaires du service n'ont encore été recueillis que par subdivisions locales et par les soins des conducteurs. Il s'agit maintenant de réunir ces informations de différentes sources dans une première centralisation : telle est la tâche des ingénieurs ordinaires. Ces agents sont d'autant plus capables de rassembler les matériaux dont se composera la description des dépenses faites sous leur direction, qu'ils ont dû donner préalablement aux conducteurs de leur circonscription les ordres et les instructions nécessaires pour l'exécution de tous les travaux. D'ailleurs, on a pu voir que les ingénieurs conservent toujours la haute main sur l'accomplissement régulier de tous les détails du service, et que plusieurs pièces de la comptabilité élémentaire ne sont valables qu'autant que l'exactitude en est attestée par leur signature apposée au bas de ces pièces.

Écritures.

La commission a réglé l'intervention des ingénieurs ordinaires dans tout ce qui concerne la comptabilité; en arrêtant la formule des tableaux qu'ils auront à dresser et des registres qu'ils devront tenir, la simple nomenclature de ces registres et des tableaux de développement suffira pour montrer que cette intervention, quoique rendue plus efficace, sera dorénavant très-simplifiée.

Les modèles sont au nombre de 10,

SAVOIR :

N° 11. — Décompte mensuel des sommes dues à tous les cantonniers de l'arrondissement.

C'est la reproduction totalisée des décomptes partiels, n° 7, qui auront été adressés à l'ingénieur par tous les conducteurs sous ses ordres. Il certifie l'exactitude de ce relevé.

N° 12. — Rôle des journées d'ouvriers employés pour travaux en régie.

C'est aussi la reproduction totalisée des états partiels, n° 2, qui auront été fournis par les conducteurs ; même remarque que pour le décompte n° 11.

N° 13. — Livre de comptabilité de l'ingénieur ordinaire.

Le modèle de ce registre a donné matière à de longs débats dans la commission : fallait-il le considérer *comme un journal*, c'est-à-dire comme le récit quotidien des faits de sa gestion? Mais, si on examine bien la nature des fonctions qu'exerce l'ingénieur, on voit qu'elles consistent à surveiller et à diriger, plutôt qu'à opérer lui-même. Il ne doit donc pas avoir des renseignements journaliers à consigner sur son livre de comptabilité.

La Commission en a conclu *qué cc ne serait*

pas un journal. Tous les faits du service devront nécessairement y être mentionnés ; mais ils le seront d'après les renseignements qui auront été fournis à des époques déterminées par les différents conducteurs. Ce sera donc un sommier ou *livre de classement méthodique,* où viendront se grouper, non-seulement par ordre de dates, mais surtout *par ordre de matières,* tous les documents que l'ingénieur aura reçus pendant la période d'un mois (1).

N° 14. — État sommaire des dépenses à la fin de chaque mois.

Nous avons pris soin de faire concorder la contexture de ce tableau avec celle du modèle n° 13, afin que l'état mensuel ne fût qu'*un relevé des additions du livre de comptabilité.*

N° 15. — Procès-verbal de réception provisoire des travaux exécutés par tel ou tel entrepreneur, conformément à son devis.

N° 15 *bis.* — Procès-verbal de réception définitive.

N° 16. — Certificat de ce qui peut être payé à chaque entrepreneur, selon l'état d'avancement de ses travaux.

N° 16 *bis.* — Décompte des ouvrages exécutés et de la situation des fonds, pour être annexé aux deux états qui précèdent.

N° 17. — Certificat de ce qui peut être payé à toute autre personne qu'un entrepreneur. (Il faut au bas l'approbation de l'ingénieur en chef.)

Ces cinq modèles s'expliquent par leur titre, et ne doivent donner lieu à aucune observation.

N° 18. — Bordereau des pièces remises au payeur *pour justifier l'emploi des avances reçues* par un régisseur comptable.

C'est ici le lieu de rappeler ce qui a été dit plus haut sur les difficultés que présentent les travaux en régie. La formule du bordereau n° 18 a été soigneusement étudiée, dans le but d'atténuer autant que possible les inconvénients de ce mode de service.

N° 19. — État trimestriel des indemnités de terrains et des dépenses diverses, qui auront été réglées avec

---

(1) On ne peut développer ici tout ce qui a motivé les nouvelles formes adoptées pour la tenue de ce registre ; mais les procès-verbaux des séances de la commission sont annexés à ce rapport, et on pourra y puiser tout ce qu'il sera nécessaire de reproduire dans les instructions administratives.

l'approbation du préfet dans une forme nouvelle.

N° 20. — Situation définitive des crédits ouverts à chaque ingénieur et des dépenses qui ont été faites dans
sa circonscription à l'époque du 31 décembre.

Comme les états n°s 19 et 20 sont l'expression de plusieurs changements qu'il s'agit d'introduire dans la comptabilité administrative, on s'abstient ici d'observations particulières sur ces deux états ; mais on se réserve de traiter à part et avec détail les questions auxquelles ils se rapportent.

Remontons d'abord à une question incidente qui a été soulevée et résolue à propos du livre de comptabilité n° 13, que devra tenir l'ingénieur ordinaire. Celui-ci fait quelquefois, par lui-même, certaines dépenses autorisées, et l'on a demandé, à ce sujet, s'il ne devrait pas tenir un journal de ses propres opérations. Nous ne l'avons pas cru, et voici nos motifs : Placé entre l'ingénieur en chef et les conducteurs, l'ingénieur ordinaire ne fait que diriger ceux-ci dans l'accomplissement de leur service ; les comptes qu'il reçoit d'eux, il les transmet à l'ingénieur en chef ; son rôle est donc celui d'un *intermédiaire*, et non celui d'un agent direct de la dépense. Il serait regrettable de lui donner un caractère mixte, en considération de quelques cas exceptionnels. Nous avons pensé que, pour ces faits, d'ailleurs assez rares, il pourrait préposer celui des conducteurs qui est le plus à sa portée, et lui faire consigner sur son carnet d'attachements toutes les dépenses de l'espèce. Par cet expédient, on rentre dans l'uniformité de la règle, qui veut que tous les faits de dépenses *partent du dernier degré de l'échelle administrative*, pour remonter ensuite jusqu'au sommet par des transmissions hiérarchiques, graduellement centralisées.

Comptes annuels.

Jusqu'ici l'ingénieur ordinaire avait à rendre un compte annuel de toutes les dépenses qui avaient été faites sous sa direction, et ce compte formait ordinairement plusieurs gros volumes du format atlas, contenant des renseignements circonstanciés et des chiffres détaillés par entreprise ou par régie.

Ce travail, qui reproduisait, avec leurs développements les plus minutieux, chacun des actes effectués par tous les préposés des ponts et chaussées, était une transcription textuelle, sous une nouvelle forme, de tout ce qui avait été écrit dans le cours de l'année sur les documents divers et épars de la comptabilité précédente. Il ne fallait pas moins d'un labeur extraordinaire et forcé de trois ou quatre mois, qui détournait les ingénieurs des chantiers, et obligeait les employés de leurs bureaux à recommencer, par des résumés analytiques, toutes les descriptions partielles consignées dans le cours de l'année sur les feuilles multipliées et détachées qui avaient disséminé jusqu'alors les nombreux résultats de ces grands comptes annuels. Ce mode, compliqué de doubles écritures, suffirait seul pour démontrer l'impuissance du système antérieur, qui condamnait toute l'administration à refaire des enregistrements successifs trop mal établis sur les lieux pour avoir tenu constamment à jour la situation des services, et pour permettre de la reproduire facilement, à la fin de l'année, d'une manière complète et instantanée, par la simple totalisation des comptes ouverts au sommier ou grand-livre des ingénieurs. Telle sera, nous n'en doutons pas, la conséquence du nouveau régime proposé, que les registres des divers agents d'exécution présenteront un compte tout fait et tout démontré, pour chaque journée, pour chaque mois, pour chaque année, et que les volumes, dont la rédaction dérobe au service actif une si grande partie du temps et des soins des préposés extérieurs, seront avantageusement remplacés par des états de quelques pages ayant toujours pour base et pour preuves les livres de la comptabilité courante, et les justifications spéciales qui les appuient. De telle sorte, enfin, qu'il sera facile, par suite de l'enchaînement continuel des écritures, des pièces et des états périodiques, de reviser annuellement tous les faits du service, jusque dans leurs moindres détails, sans les remanier une seconde fois et sans les recopier, les uns après les autres, dans un compte final, qui ne doit en présenter que l'expression la plus concise et la plus générale.

Au surplus, avant de proposer la suppression de cette lourde tâche, accumulée à la fin de chaque année, nous avons dû nous enquérir de l'usage qui avait été fait, jusqu'à ce jour, de ces trois laborieux documents destinés à retracer séparément les opérations relatives, 1º aux travaux d'entretien, 2º aux travaux neufs et de grosses réparations, 3º au service départemental. Les recherches que nous avons faites à ce sujet, soit auprès du ministère de l'intérieur, soit auprès des préfectures, soit au ministère des travaux publics, nous ont appris que les comptes relatifs aux travaux d'entretien et au service départemental n'étaient presque jamais consultés ni par les conseils généraux, ni par les commissions créées en vertu de l'ordonnance du 10 mai 1829, ni enfin par les bureaux de l'intérieur, et qu'ils demeuraient ordinairement déposés, *sous l'enveloppe de leur envoi*, dans les archives publiques : enfin que le volume relatif aux travaux neufs et aux grosses réparations était revu, dans quelques-uns de ses articles, par un vérificateur de la comptabilité des ponts et chaussées.

Après avoir pris l'avis du directeur de la comptabilité du ministère de l'intérieur, et celui du directeur de la comptabilité des travaux publics, nous avons arrêté, de concert avec eux, la simplification de ces trois modèles, et la forme considérablement réduite qu'il a paru utile de leur donner.

Autorisation trimestrielle de diverses dépenses.

Cette étude approfondie des superfluités introduites dans la formation des comptes annuels nous a conduits à remarquer qu'une correspondance très-active était stérilement entretenue, par les ingénieurs, les préfets et l'administration des ponts et chaussées, sur une multitude d'articles de dépenses de matériel et de personnel qui n'avaient aucune importance, et qui exigeaient, pour de très-faibles sommes, des rapports détaillés, des demandes d'autorisation et des approbations directes du ministère. Nous avons pensé qu'il convenait de déléguer aux préfets le soin d'autoriser immédiatement une partie de ces frais accidentels, sauf à faire régulariser leurs décisions par des états trimestriels contenant ces menues dépenses, et qui seraient, seulement tous les trois mois, transmis au ministre responsable. Cette forme de liquidation, plus simple et plus rapide, a été adoptée après une longue discussion, à laquelle ont pris part les principaux chefs du ministère, et il a été décidé qu'elle serait appliquée aux divers articles dont la nomenclature est jointe au présent rapport. Cette mesure d'ordre permettra d'exercer un contrôle plus sûr et plus prompt sur ces emplois exceptionnels de fonds, de ne plus en retarder l'exécution par des lenteurs inutiles, et de ne plus en compliquer la vérification en la confondant avec celle des comptes annuels. C'est pour assurer la régularité de tous les détails de cette simplification du service, que nous avons prescrit aux ingénieurs la formation de l'état n° 19 précédemment relaté.

COMPTABILITÉ DE L'INGÉNIEUR EN CHEF.

L'ingénieur en chef commande et surveille, mais ne crée personnellement aucune œuvre matérielle, si ce n'est par les conseils de son intelligence et par la puissance de sa volonté ; il est l'âme du travail dont la direction lui est attribuée ; il donne la vie au service et imprime seul le mouvement à tous ses agents d'exécution. Représentant direct du ministère dont il reçoit et fait appliquer la pensée, il assume toute la responsabilité de la gestion des subordonnés auxquels il délègue les travaux matériels ou administratifs de sa circonscription. Sa comptabilité doit donc embrasser l'universalité des opérations consommées et personnifier en son nom chacun des actes émanés de son initiative. Tous les ordres partent de lui, s'accomplissent sous son contrôle, se soumettent à sa sanction, et retournent à leur source par la centralisation des résultats et de leurs pièces justificatives, chez ce chef supérieur, qui les communique à la préfecture, pour être transmis au ministère. Il forme ainsi, sur le théâtre même de l'action, le dernier et principal anneau de cette chaîne d'écritures et de preuves qui commence au premier degré des préposés inférieurs, pour remonter de grade en grade jusqu'à l'autorité la plus élevée dans la hiérarchie administrative.

Les faits journaliers étant successivement consignés sous ses yeux dans les livres élémentaires des conducteurs, et déjà résumés par mois, avec sa coopération, dans ceux des ingénieurs ordinaires, dont les développements demeurent toujours à sa disposition, il ne lui reste plus qu'à récapituler les états mensuels de ces derniers dans un sommier ou livre de comptabilité. Ce livre expose toute la situation de son service, et sert de base aux comptes qui sont périodiquement adressés au ministre par l'entremise des préfets.

Écritures.

Les écritures de l'ingénieur en chef se résument en deux registres ; le premier, sous le titre générique de livre de comptabilité, rapproche les actes consommés par ses subordonnés des crédits spéciaux ouverts aux chapitres du budget, en suivant toutes les phases de la dépense autorisée, liquidée, ordonnancée, mandatée et soldée depuis l'autorisation législative jusqu'au payement définitif ; le second ouvre un compte à chaque entreprise et en suit l'exécution dans tous ses degrés, depuis l'adjudication publique jusqu'à l'entier accomplissement des clauses et conditions qui y ont été stipulées entre l'État et les parties.

Ces deux registres sont compris dans la nomenclature générale des modèles arrêtés par la commission, sous les nᵒˢ 21, 22 et 22 *bis* ; les documents qui les suivent ne sont plus que des états extraits de leurs inscriptions successives et méthodiquement classées, pour éclairer, à toutes les époques, l'administration locale ou le ministère sur la marche et la situation des différentes parties du service,

SAVOIR :

Nᵒ 23. — Situation mensuelle et sommaire des crédits et des dépenses.

    Cette pièce, destinée à l'administration supérieure, présente les opérations de tous les ingénieurs avec les divisions du budget et indique, par aperçu, les dépenses à faire.

Nᵒ 24. — État continuatif mensuel.

    Ce second état est dressé seulement après l'expiration de l'année courante, pour y recueillir les opérations complémentaires de chaque exercice exécutées dans les premiers mois de l'année suivante.

Nᵒ 25. — État du personnel.

Nᵒ 26. — Mandat de payement.

Nᵒ 27. — Bulletin de délivrance des mandats.

Nᵒ 28. — Bordereau journalier des mandats émis.

    Ce bordereau doit être remis au payeur, à la fin de chaque journée, par l'ingénieur en chef devenu *sous-délégataire* des ordonnances de délégation délivrées au nom du préfet. Nous expliquerons ultérieurement les motifs de cette importante modification proposée dans les formes actuelles du mandatement local des dépenses.

N° 29. — Bordereau mensuel des mandats émis.

Ce bordereau sera remis, à la fin de chaque mois, au préfet, pour lui rendre compte de l'usage que l'ingénieur en chef a fait des crédits de délégation qui lui ont été sous-délégués ; nous réitérons ici la réserve des explications annoncées à l'article précédent.

N° 30. — Etats des émoluments et frais des agents soumis à la retenue de la caisse des retraites.

N° 30 *bis.* — Même état pour les agents non soumis à la retenue.

Ces deux documents, nécessaires à l'administration centrale pour assurer l'exactitude de ses décomptes de services personnels, seront accompagnés des états trimestriels dressés sous le n° 19 par les ingénieurs ordinaires, pour les indemnités de terrains et les dépenses diverses dont l'approbation doit être déléguée au préfet.

N° 31. — Résumé de la situation au 31 décembre, des dépenses dont l'ingénieur en chef rend un compte personnel.

Ce tableau récapitule les opérations qui ont été exceptionnellement exécutées sous la direction immédiate de l'ingénieur en chef.

N° 32. — Situation définitive des crédits et des dépenses au 31 décembre.

N° 33. — Etat final des dépenses, des ordonnances, des mandats de payement et des restes à payer au 31 décembre.

Ces deux comptes définitifs complètent la série des tributs de résultats que l'ingénieur en chef doit au ministère pour lui démontrer tous les faits accomplis dans la circonscription de son service pendant le cours de chaque exercice.

N° 34. — Tableau sommaire des mandats délivrés pendant l'année sur les entreprises en cours d'exécution.

Ce dernier renseignement est produit au payeur du trésor, qui le transmet à la Cour des comptes pour faciliter le contrôle, sur les ouvrages de long cours, de l'accomplissement régulier de toutes les obligations imposées à chaque entrepreneur jusqu'à l'achèvement des travaux.

A. — Projet de budget des dépenses de chaque exercice.

B. — Projet de sous-répartition des fonds du budget.

Ces deux modèles, consacrés par un long usage, n'ont éprouvé que de légères modifications, qui ont eu pour but d'en rendre la rédaction plus claire et plus facile ; ils contiennent les propositions faites au commencement de chaque année, par le préfet et par l'ingénieur en chef, pour la répartition des ressources du budget local.

N° 35. — Situation au dernier jour du mois.

Cet état récapitulatif des ordonnances et des mandats, arrêté à la fin de chaque mois par le préfet et transmis au ministère, se rattache, par une comparaison sommaire établie dans sa nouvelle rédaction, aux résultats contenus dans l'état n° 23 produit par l'ingénieur en chef.

Modification proposée dans la délivrance des mandats de payement.

L'administration des ponts et chaussées est, de tous les services publics, celui qui réclame du trésor les avances de fonds les plus fréquentes et les plus considérables ; il est le seul qui emprunte habituellement des secours pécuniaires plus ou moins importants à ses régisseurs ou à ses entrepreneurs, et qui ait officiellement stipulé les conditions de ces prêts facultatifs dans les clauses du cahier des charges arrêté par le ministre. Ce grand service se crée ainsi des ressources indépendantes des deniers de l'État par l'entremise de ses ingénieurs, souvent même au delà des délégations ministérielles, et quelquefois avant l'autorisation législative. Ces stipulations abusives, dont l'emploi avait été expressément interdit à tous les ordonnateurs par l'article 41 du règlement général du 31 mai 1838, se sont maintenues, néanmoins, par la puissance des habitudes, pour l'exécution de la plupart des travaux publics, et ont été tolérées jusqu'à présent en vertu d'une disposition exceptionnelle, introduite dans le règlement de ce ministère, en date du 16 septembre 1848, article 40.

La ponctualité de l'acquittement des dépenses de toute nature semble cependant bien assurée par le concours de toutes les caisses publiques sur tous les points du territoire ; aucune gêne, aucun retard ne saurait entraver ni suspendre le paiement local des ordonnateurs par les payeurs du trésor ou par leurs délégués.

Quelles que soient les difficultés spéciales inhérentes aux constructions de toute nature, répandues sur la surface de la France et sur des points plus ou moins éloignés des préposés des finances, quelles que puissent être aussi les exigences de l'imprévu ou l'urgence extraordinaire des ouvrages commandés inopinément par la force majeure, nous avons dû vérifier s'il n'existerait pas, en dehors de ces particularités du service des ponts et chaussées, que l'on rencontre également dans les opérations des autres ministères, une cause permanente d'embarras qui entraînerait forcément l'administration des travaux publics dans la voie dangereuse de ces emprunts irréguliers.

Les recherches que nous avons poursuivies dans tous les détails de cet important service, les questions que nous avons posées à ses divers agents de Paris et des départements, nous ont amenés à reconnaître que le mode suivi pour mettre les fonds du trésor à la disposition des ingénieurs liquidateurs des dépenses des ponts et chaussées n'était ni aussi simple, ni aussi rapide, ni aussi sûr que celui qui est pratiqué par les liquidateurs des deux administrations de la guerre et de la marine, services dont l'importance et les difficultés d'exécution peuvent être assimilées, en tous points, à celle des travaux publics. Dans ces deux derniers départements ministériels, en effet, les intendants militaires des divisions, les directeurs du génie et de l'artillerie, et les commissaires des ports, sont autorisés, par la délégation directe de leur ministre, *à délivrer eux-mêmes leurs mandats* sur les payeurs du trésor, afin de solder immédiatement les diverses créances régulièrement constatées. Toutes les précautions sont prises à l'avance, tous les moyens sont employés en temps utile, par ces sous-ordonnateurs locaux, pour que chacun de leurs mandats soit soldé, sans délai comme sans déplacement de la partie prenante, avec les seuls fonds de l'Etat ; tandis que les ingénieurs en chef, après avoir reconnu et fixé les droits acquis et devenus exigibles, ne peuvent agir que par la forme, beaucoup plus lente et bien plus incertaine, d'une instance auprès des bureaux du préfet, seul délégataire des crédits ministériels, pour obtenir péniblement la délivrance, plus ou moins ralentie, des mandats de payement. Ces retards indisposent toujours et à bon droit les créanciers, impatients de recevoir le prix de leurs services, de leurs ouvrages ou de leurs fournitures.

Telle est la situation fausse et compliquée qui paralyse aujourd'hui l'action et qui compromet le crédit des ponts et chaussées : elle oblige les ingénieurs à suppléer aux voies et moyens du gouvernement par l'assistance onéreuse de l'intérêt privé ; elle les conduit enfin à rétribuer les services par l'expédient ruineux de deux spéculations coalisées contre le trésor, celle de l'entrepreneur et celle du bailleur de fonds.

Un semblable régime d'ordonnancement met en opposition et en lutte continuelles, par ses lenteurs et par ses entraves, le prompt accomplissement et le succès des travaux, l'amour-propre contrarié de celui qui les dirige, la scrupuleuse fidélité aux engagements pris vis-à-vis des tiers, avec le respect des règles générales de l'ordre et de l'économie. Il était donc inévitable que l'intérêt pressant du service et l'honneur même de ceux qui en répondent l'emportassent définitivement sur l'observation des principes rigoureux d'une comptabilité tardive et embarrassée, surtout lorsqu'une circonstance critique, aggravée des délais apportés par l'inertie des bureaux à la solde des ouvriers, expose les ingénieurs à une dépendance de la préfecture, qui devient intolérable et quelquefois même périlleuse.

Il est désormais indispensable de détendre les liens qui rattachent trop étroitement l'action de ces principaux chefs des ponts et chaussées au bon ou au mauvais vouloir, à l'activité ou à la négligence d'employés qui sont étrangers à leurs travaux. Ceux-ci, en effet, sont habituellement surchargés de détails qui, en absorbant leur temps pour d'autres soins, ne leur permettent pas toujours de préparer et de faire signer, en temps utile, les mandats sollicités par les besoins les plus pressants.

Cette réforme, trop longtemps différée, aurait dû être faite à l'époque où l'on a distrait le service des travaux publics de l'ancien ministère de l'intérieur. On aurait pu croire que la responsabilité de l'ordonnateur de ce nouveau département ministériel l'autorisait à déléguer directement sa signature aux ingénieurs en chef, qui sont les premiers mandataires de l'emploi de ses crédits et de l'acquittement de ses dépenses. Toutefois, la commission a pensé que c'était avec raison que l'on avait conservé, même pour cette portion détachée des attributions précédentes de l'intérieur, l'unité de l'administration de chaque département, et qu'il serait prudent de respecter encore ce principe de centralisation locale de la comptabilité, en rendant toute la liberté nécessaire aux ingénieurs pour la bonne exécution de leur service et pour le maintien des règles de l'ordre, de l'économie et du crédit public. Déjà la nature spéciale de la délégation de ces fonds du budget et la force inévitable des choses ont conduit, dans quelques départements, pour leurs convenances réciproques, les bureaux des préfectures à réclamer le concours personnel des ingénieurs en chef dans la rédaction des mandats, et à ne se réserver que leur présentation pure et simple à la signature des préfets, demeurés seuls titulaires des ordonnances de délégation.

Cette pratique récente, fréquemment, inspirée par des besoins mutuels, n'éprouverait à l'avenir qu'une très-légère modification pour approprier entièrement les formes actuelles de l'ordonnancement aux nécessités du service et aux positions respectives des divers administrateurs dont le concours doit assurer l'application facile et rapide des ressources disponibles aux créances échues. Il suffirait, pour atteindre ce double but, que chaque ordonnance ministérielle de délégation fût immédiatement sous-déléguée à chaque ingénieur en chef; ce serait alors ce dernier qui délivrerait à l'avenir tous les mandats de payement, au fur et à mesure de l'avancement des travaux, d'après les propositions motivées des ingénieurs ordinaires et en les soutenant de décomptes de liquidation et de certificats pour payement dressés en quantités et en deniers, afin de justifier régulièrement à l'administration et au payeur les droits réels de la partie prenante. A la fin de chaque mois, ce nouveau cessionnaire des crédits remettrait à la préfecture le bordereau de leur emploi successif en ses mandats; par ce moyen le préfet resterait l'ordonnateur secondaire de la dépense, il en accepterait les actes dans ses écritures, et il continuerait à compter de leurs résultats au ministre responsable.

Rien ne serait donc dérangé dans la marche actuelle du service; chacun y conserverait le rang qu'il occupe, le rôle qu'il peut y remplir et le but qu'il doit atteindre; mais la route serait aplanie pour tous, plus courte à parcourir pour chaque fonctionnaire, et mieux affermie sous les pas de ceux qui s'y trouvent à présent mal engagés et sans avoir une issue pour en bien sortir. Au surplus, cette solution favorable à tous les vœux et à tous les intérêts nous était naturellement indiquée par une combinaison analogue, qui se pratique depuis longtemps chez les intendants militaires, titulaires directs des délégations du ministre de la guerre. Ces intendants transfèrent le mandatement des dépenses à leurs sous-intendants répartis sur les différents points de chaque division, afin d'accélérer le payement local des divers services. Nous nous sommes encore appuyés sur l'exemple que vient de nous donner le ministre de l'intérieur, en prescrivant aux préfets de sous-déléguer aux sous-intendants militaires de leurs départements les ordonnances de délégation délivrées pour les dépenses de la garde nationale mobile.

Enfin, pour ne laisser aucun doute sur la facilité et sur l'utilité de cette réforme dans l'attribution de la délivrance des mandats de payement, nous avons interrogé les divers chefs du ministère des travaux publics et fait un appel à l'expérience du directeur de la comptabilité du département de l'intérieur. Il est résulté de leur discussion approfondie avec la commission que, dans ces deux administrations centrales, les esprits les plus éclairés ne considèrent pas la forme proposée comme une innovation hasardeuse, puisqu'elle ne fait que propager des procédés déjà adoptés avec succès par le ministre de l'intérieur ou par l'initiative spontanée des préfets. On s'est accordé à reconnaître que ce nouveau mandatement des dépenses serait plus régulièrement exécuté, plus sévèrement contrôlé et mieux garanti contre toute chance d'incurie ou d'abus, par la vigilance continue et clairvoyante du fonctionnaire le plus élevé de l'administration extérieure des ponts et chaussées, que par le coup d'œil évidemment superficiel et distrait d'un préfet mobile et presque toujours accablé d'occupations urgentes et multipliées.

Mais en accordant ces facilités indispensables à la prompte répartition des ressources entre les créanciers de l'Etat, ainsi qu'à la ponctuelle exécution des services confiés aux ingénieurs des ponts et chaussées, la commission insiste pour qu'elles amènent, par une conséquence non moins favorable à l'économie et au bon ordre, la suppression des avances de fonds des entrepreneurs et des régisseurs de travaux. Elle sollicite, à cet effet, l'abrogation de l'article du règlement spécial du ministère qui autorise une exception aussi dangereuse ; elle réclame enfin l'annulation de la clause particulière qui maintient cette faculté abusive dans la formule du cahier des charges de tous les marchés et adjudications publiques.

Cette mesure de comptabilité et de bonne administration doit, en définitive, exercer une heureuse influence sur les conditions des contrats, alléger le poids des engagements du trésor, dégrever les crédits ouverts aux travaux de *commissions* et d'*intérêts* qui leur étaient étrangers, provoquer la concurrence des soumissionnaires et diminuer le nombre des services régis par économie (1).

Examen et approbation du conseil général des ponts et chaussées.

Après avoir tracé les règles et formulé les modèles de la comptabilité des ponts et chaussées, la commission a pensé qu'elle devait soumettre ses vues et ses travaux au jugement et à la sanction du savant conseil placé auprès de l'administration pour l'éclairer, par son expérience et par ses lumières, sur les questions les plus importantes du service qui lui est confié. Elle a déféré à l'examen des inspecteurs divisionnaires, alors présents à Paris, chacune des propositions contenues dans ce rapport, et chacune des pièces élémentaires qui composent tout le système d'ordre et de contrôle dont on vient de dérouler le tableau. Cette révision consciencieuse, faite par des yeux exercés, a pénétré dans tous les détails d'exécution du nouveau mode de service et d'écritures, rectifié plusieurs imperfections, amélioré quelques parties incomplètes et fortifié, par l'assentiment unanime de ces premiers fonctionnaires, nos convictions personnelles sur l'efficacité des mesures que nous présentons définitivement à l'approbation du ministre.

COMPTABILITÉ DES BATIMENTS CIVILS.

Anciennes formes.

La commission a continué ses investigations sur les formes suivies et sur les justifications produites par les agents chargés de l'exécution du service des bâtiments civils, en commençant son examen, comme pour les ponts et chaussées, auprès du directeur de la comptabilité centrale du ministère. Ce chef supérieur a spontanément déclaré n'avoir jamais été mis en mesure de connaître les opérations consommées et les droits des créanciers que par la remise, plus ou moins tardive, des mémoires des parties intéressées. Il a ajouté qu'il ne lui était attribué aucune direction ni aucun contrôle sur les écritures ni sur les autres procédés descriptifs appliqués à la démonstration des actes relatifs à cette branche spéciale des travaux publics.

Nous avons ensuite entendu les explications du chef de la division des bâtimens civils, qui nous a confirmé qu'il n'existait, pour cette partie importante de l'administration, aucun système uniforme de comptabilité élémentaire. Il nous a appris, en outre, que l'on se bornait, dans le bureau d'agence de chaque construction, composée, selon son importance, d'un architecte en chef, d'inspecteurs, de sous-inspecteurs, de conducteurs et d'un vérificateur, à tenir plus ou moins régulièrement des feuilles d'atta-

---

(1) Certains ingénieurs évaluent à un taux fort élevé la perte que la lenteur du mode actuel de payement fait supporter à l'Etat dans ses conditions avec les entrepreneurs.

chements graphiques de divers modèles, tantôt détachées, tantôt reliées dans un registre ; mais seulement pour les travaux incessamment recouverts et dont la trace disparaît au fur et à mesure de l'avancement des constructions. Il a ensuite affirmé que même pour cette portion des ouvrages dont on conserve si imparfaitement la mémoire, on ne traduisait en numéraire ni les dessins ou croquis, ni les quantités ou mesures relevées, et que le chiffre de la dépense faite n'était exprimé sur aucun document officiel. Il nous a déclaré que toutes les parties des bâtiments qui demeurent accessibles aux regards n'étaient mentionnées sur aucune note ni dans aucun livre ; enfin, *que l'on attendait*, pour connaître les droits des tiers et les charges de l'Etat, *que les créanciers eussent dressé et présenté leurs mémoires à l'administration.*

 Nous avons reconnu que ce mode insolite et irrégulier, de ne constater le service fait qu'au moyen de justifications exclusivement établies par les soins des entrepreneurs, avec le concours intéressé de toiseurs qui multiplient la nomenclature des articles et qui en exagèrent les prix, était tellement tardif et si compliqué de subdivisions fractionnées et de résultats amplifiés, que les règlements du vérificateur et du réviseur faisaient toujours ressortir des différences considérables au préjudice de l'Etat ; enfin, que ces combinaisons défectueuses ne permettaient jamais au ministère, ni de prévenir, ni d'arrêter le dépassement trop habituel des devis et des crédits législatifs.

Nous nous serions étonnés de rencontrer un semblable dénûment de moyens d'ordre, d'éléments de contrôle et de garanties sérieuses contre les abus dans l'organisation d'une branche aussi importante du service des travaux publics, s'il n'était avéré, dans tous les temps, que, pour la construction des divers bâtiments civils de l'Etat, l'empire des hommes de l'art a fait subir les méthodes les plus insuffisantes à tous les administrateurs. Pénétrée de la nécessité de combler, à l'avenir, une lacune aussi regrettable dans le mécanisme des écritures du ministère, la commission s'est fortifiée, pour résoudre ce difficile problème, par l'adjonction des ingénieurs qui l'avaient déjà si puissamment secondée pour améliorer les formes descriptives des ponts et chaussées, et par la présence officieuse du directeur de la comptabilité du ministère de l'intérieur, ancien officier du génie militaire, qui avait utilement concouru, dans sa carrière précédente, au perfectionnement des méthodes exactes de la comptabilité des bâtiments de la guerre. Après s'être ainsi plus fortement constituée, en associant à ses efforts des fonctionnaires expérimentés qui avaient déjà su constater avec méthode tous les autres faits des constructions civiles et militaires, la commission a cru devoir appeler à son aide les avis et les vues de plusieurs architectes, ainsi que les opinions et les idées des vérificateurs et des inspecteurs des travaux.

Un débat très-étendu et très-approfondi s'est ouvert sur l'insuffisance et sur les dangers d'un régime consacré seulement par l'habitude, qui abandonne l'initiative de la reconnaissance et de la liquidation des droits à ceux-là même qui prétendent les avoir acquis. L'administration ne se réserve ainsi que des notions incomplètes et incertaines pour faire vérifier, après de longs délais, l'existence et la quotité des dépenses par des agents extérieurs choisis en dehors de son personnel ou par des bureaux étrangers à la marche des travaux. Aucun lien continu d'écritures, aucun enchaînement instantané des faits et de leurs preuves immédiates ne viennent révéler incessamment à l'autorité responsable l'exécution graduelle des constructions entreprises, ainsi que cela se pratique déjà dans le service du génie par les carnets et par les registres d'attachements des officiers, ainsi que cela doit se pratiquer à l'avenir dans les ponts et chaussées, par les journaux des conducteurs et par les nouveaux livres des ingénieurs.

Des calepins portatifs, tenus sur les chantiers pour y consigner, sans uniformité de méthode et avec plus ou moins d'exactitude, des indications partielles, graphiques ou chiffrées, en ce qui concerne seulement les travaux prêts à disparaître ; un livre de dépouillement facultatif de ces croquis provisoires et de ces premiers calculs, accompagné de développements séparés, pour les attachements d'une grande dimension ; enfin, des mémoires exagérés, périodiquement présentés par les entrepreneurs eux-mêmes : tel est l'exposé fidèle, et plusieurs fois reproduit à notre attention, des bases sur lesquelles repose aujourd'hui l'ordre adopté pour suivre l'exécution des bâtiments civils.

Nonobstant l'incohérence et l'incomplet d'un semblable régime de comptabilité, les plus consciencieux arguments ont été employés pour défendre la loyauté éprouvée des divers agents du service, ainsi que le zèle et l'habileté de chacun de ceux qui sont chargés de contredire les prétentions des tiers intéressés, par des révisions personnelles ou déléguées, plus ou moins fréquentes, sur les matériaux employés ou sur les mémoires produits ; enfin, on a invoqué l'imposante autorité du temps, qui semblait, disait-on, avoir voulu consacrer la simplicité des procédés mis jusqu'alors en usage pour les approprier au caractère beaucoup plus artistique que comptable du personnel des bâtiments.

Cependant le besoin, toujours si impérieux pour la conscience d'un chef responsable, de se faire rendre un compte fidèle et rapide de ses propres actes, dans l'exécution d'une tâche difficile et importante, a conduit plusieurs architectes que nous avons consultés à adopter, de leur seule initiative, des procédés bien préférables à ceux qui leur étaient indiqués par le ministère. Ainsi l'un d'eux fait relever ses attachements au moment opportun de l'exécution des travaux et y consigne, en même temps, de concert avec les entrepreneurs et le vérificateur, les tracés graphiques, les quantités de toute nature, les prix de la série ou ceux qui ont été amiablement convenus, enfin, les résultats de la liquidation des droits acquis aux créanciers. Il constate ainsi sa dépense au fur et à mesure de l'accomplissement de chaque opération, lorsque les détails les plus fugitifs peuvent en être vérifiés, reconnus et arrêtés avec une entière connaissance par toutes les parties mises en présence des faits, et il s'affranchit dès à présent de toute incertitude, de toute contestation ultérieure et de toute dépendance de l'intérêt privé.

Un autre architecte, encore mieux inspiré dans ses procédés descriptifs, a mis sous les yeux de la commission les deux registres fondamentaux qui doivent servir de base à toute comptabilité régulière : un journal et un sommier ; il intitule le premier *Registre des attachements journaliers*, et le second, *Registre des comptes ouverts*. Les faits sont d'abord recueillis et constatés sans interruption dans l'ordre chronologique, et ensuite méthodiquement classés dans l'ordre des divisions administratives et législatives. Les principes généraux recommandés par la commission sont ici complétement observés, et leur application se trouve déjà consacrée par une longue expérience. Il ne restait donc plus qu'à vérifier si les moyens employés pour l'exécution du système dont elle rencontrait un exemple aussi décisif pouvait soulever encore des difficultés insurmontables, soit à Paris, soit dans les départements. L'auteur de ce nouveau mode d'écritures nous a donné l'assurance qu'il était assez simple pour avoir été pratiqué sous ses yeux pendant plusieurs années avec le concours d'un seul commis, n'ayant d'autre préparation que l'instruction la plus élémentaire. Il a ajouté que la constatation des travaux exécutés sur son livre d'attachements était chaque jour contradictoirement arrêtée par la signature de l'entrepreneur, et le mettait constamment à l'abri de toute discussion ; que chacun des comptes ouverts sur son second registre formait un véritable mémoire à jour, facile à rapprocher, par un pointage, de celui de chaque créancier, et que l'addition de ces comptes ouverts avait suffi pour présenter la situation comparative, à toutes les époques, des crédits, des devis et des dépenses.

Nouvelles écritures.

La commission s'est corroborée plus que jamais dans ses convictions sur la nécessité de ramener le plus tôt possible l'administration des bâtiments civils aux véritables principes et aux bonnes méthodes de la comptabilité, en reconnaissant la facilité de leur application si évidemment démontrée devant elle, non-seulement par l'expérience de plusieurs architectes, mais encore par celle des ingénieurs qui venaient de les adapter aux importantes constructions des ponts et chaussées, et surtout enfin, par celle d'un ancien officier du génie (1) qui a vu s'élever, sous leur empire, au sein de la capitale, une ville considérable de casernes, d'hôpitaux, de magasins, de fortifications et d'édifices militaires de toute nature.

---

(1) M. Laisné, directeur de la comptabilité du ministère de l'intérieur.

Il importe, en effet, de ne plus subordonner la liquidation des charges de l'Etat au libre arbitre des intérêts privés, et de ne plus imposer au trésor les tributs onéreux qui sont prélevés sur les fonds des bâtiments civils par un grand nombre d'agents intermédiaires. Il faut que le gouvernement reprenne, en quelque sorte, possession d'un service trop abandonné à la discrétion des hommes de l'art et des entrepreneurs; qu'il en maîtrise désormais toute l'exécution par les liens de la méthode; qu'il en contienne l'extension trop facile dans les limites légales du budget; enfin, qu'il en constate et qu'il en surveille, jour par jour, le développement au fur et à mesure de l'avancement des travaux.

Tous les membres de la commission, éclairés définitivement par un examen consciencieux et poussé jusqu'à ses dernières limites, ont été d'avis qu'il était indispensable et urgent de prescrire à chaque agence de bâtiment des écritures complètes et régulières, dont la tenue se réduirait au surplus à deux registres modelés sur ceux des ponts et chaussées et du génie militaire, à savoir:

Un journal descriptif de tous les faits, et *un sommier* classificateur de leurs résultats (Modèles nos 1 et 2).

On a dû remarquer qu'il existait déjà sur tous les chantiers, d'après l'aveu même de l'administration, des agents assez instruits pour tenir un calepin où se trouvent consignées les notions relatives aux attachements des travaux susceptibles de disparaître; il suffirait donc, pour compléter ces inscriptions partielles et fractionnées, de constater aussi les travaux visibles. Le nouveau journal où nous proposons de comprendre, sans restriction, l'universalité des attachements, recevrait, dans sa première page de gauche, la désignation de chaque portion d'ouvrage successivement accomplie, et, dans une colonne spéciale, les chiffres exprimant les quantités et les dimensions des matériaux employés. La page de droite représenterait, pour mémoire, les dessins ou croquis devant le libellé de chaque article. Toutes les fois que l'étendue de ces tracés linéaires exigerait une feuille annexe de développements, on se bornerait à en rappeler le numéro d'ordre sur le journal, et on aurait soin de la rattacher ensuite à un atlas qui se formerait des cartes et des plans figurés, afin de composer ainsi successivement l'histoire graphique de chaque bâtiment, depuis la première pierre jusqu'à la dernière.

Le métré des travaux qui sert de base à la dépense est une opération positive et facile à saisir par des résultats authentiques, relevés sur place et arrêtés à la vue des ouvrages encore récents, avec l'adhésion des entrepreneurs. L'administration reconnaît, d'ailleurs, qu'il est nécessaire de rendre désormais ces règlements contradictoires aussi prompts et aussi fréquents que possible, afin de prévenir toute contestation ultérieure par une vérification immédiate toujours opérée à l'aspect des faits, sous les yeux mêmes de chacun des intéressés et des surveillants du travail. Cette marche méthodique et rapide faciliterait les études et les comparaisons, et rendrait bientôt les divers agents du service très-habiles à remplir leurs nouveaux devoirs de contrôle et de comptabilité.

Les quantités ainsi consignées et arrêtées contradictoirement sur le journal ou carnet des attachements devront être reportées, sans retard, avec leur numéro d'ordre, sur le sommier ou registre de classement des résultats, à chacun des comptes ouverts par entrepreneur, par nature de travaux et par article de devis. La conversion en argent des unités de chaque mesure technique s'accomplira, dans une colonne distincte de ce second livre, par l'application pure et simple des prix de la série à chaque article, ou par le décompte des prix spéciaux préalablement convenus, pour les ouvrages exceptionnels. C'est ainsi que se formera sans délai, sans embarras et sans peine, le compte exact et constamment à jour de la dépense des bâtiments civils , d'après les seules écritures de l'administration régulièrement établies, et indépendamment de toute présentation ultérieure de mémoires ou autres réclamations des tiers intéressés. Cette comptabilité se manifestera sans cesse à tous les regards, avertira le ministère de toute déviation à la règle tracée, et fera cesser les doutes qui auraient pu se répandre sur le bon emploi des crédits législatifs.

Centralisation et contrôle des résultats.

A la fin de chaque mois, de chaque année et de chaque exercice, les différentes agences des bâtiments devront adresser aux préfets, pour les travaux des départements, et au ministère, pour ceux de Paris , les mêmes états et documents périodiques que ceux qui sont déjà transmis à ces différentes autorités pour le service des ponts et chaussées , afin de leur faire connaître , à toutes les époques , la marche et la situation des dépenses effectives , et de leur donner ainsi les moyens d'en comprendre les résultats dans leurs écritures centrales et dans leurs comptes généraux (Modèles n°s 3 et 4).

Après avoir consulté l'un des inspecteurs généraux des bâtiments civils, et avoir obtenu son entière adhésion au nouveau mode préparé, la commission a pensé que la comptabilité locale de chaque bâtiment serait convenablement tenue par les inspecteurs ou par les sous-inspecteurs placés sous la direction des architectes. Elle a jugé également qu'il serait convenable, pour ne pas troubler l'ordre actuel des attributions, et pour profiter de l'expérience acquise dans les divers bureaux du ministère, de conserver à la division des bâtiments civils la surveillance des travaux, la révision des liquidations , le contrôle des mémoires et des propositions d'à-compte, et, enfin, la réunion des résultats successifs de cette branche de service dans une comptabilité préparatoire et récapitulative , qui remettrait ensuite des résumés mensuels à la comptabilité centrale, afin de compléter l'ensemble des écritures du département des travaux publics.

COMPTABILITÉ CENTRALE.

La commission, après avoir reconnu l'insuffisance du régime actuel, et tenté de rectifier les imperfections des comptabilités élémentaires, a commencé l'examen des livres tenus par la comptabilité centrale, qui ont pour base les bordereaux mensuels transmis par les préfets. Ces derniers documents sont conformes aux modèles prescrits à tous les ordonnateurs secondaires par les règlements des divers ministères. Ils résument par chapitre, à la fin de chaque mois, dans chaque département, les crédits, les dépenses, les ordonnances, les mandats et les payements.

La commission a remarqué que le chiffre des dépenses, dont les résultats sont créés par les ingénieurs, n'était pas rapproché et mis en concordance avec une pièce contradictoire émanée de ce premier agent des travaux, véritable liquidateur des droits constatés à la charge de l'État. Cette lacune était sans doute regrettable sous un régime où l'irrégularité des méthodes viciait l'expression des faits accomplis dans tous les degrés de leur description ; mais elle serait devenue intolérable avec le retour de la régularité et de l'exactitude qui allait être assuré pour tous les agents du service. Il a paru, en conséquence, indispensable de ménager, sur l'état périodique adressé par chaque préfet, un cadre spécial destiné à rappeler et à comparer, tous les mois, le total de la situation détaillée fournie, par les ingénieurs, avec le chiffre de la dépense annoncée par l'ordonnateur secondaire de chaque département.

On aurait pu s'étonner aussi de ne trouver à la comptabilité centrale aucun élément de compte produit par le service des bâtiments civils, si les vérifications antérieures n'avaient pas démontré à la commission que cette administration spéciale n'avait d'autre indication ni d'autre preuve de sa dépense à transmettre à cette comptabilité centrale que les mémoires de créanciers.

On voit clairement, par cette double épreuve, que les imperfections des premières écritures se reproduisent dans celles du ministère et lui communiquent toute leur irrégularité.

Le dépouillement des résultats, leur enregistrement et leur classement successif sur le journal, le grand-livre, les livres auxiliaires et dans les comptes généraux périodiquement établis, ont paru conformes aux dispositions prescrites par les lois et règlements qui régissent les comptabilités des ministères ordonnateurs.

Cependant cette division centrale, où doit résider la pensée de l'ordre parvenue à sa plus haute expression et fortifiée de toute l'autorité du ministre, pour descendre sans cesse de ce point culminant et se propager avec uniformité dans les différentes parties du service, ne saurait plus se maintenir dans l'isolement où elle est placée au milieu même de l'administration, ni se renfermer dans le rôle passif de collecteurs de chiffres, auquel elle a été réduite depuis son origine jusqu'à ce jour. Tous les agents d'exécution, dans un département aussi considérable que celui des travaux publics, ont besoin d'un guide, d'un régulateur, qui trace toutes les formes à suivre , toutes les justifications à produire , toutes les vérifications locales ou intérieures à exercer dans le cours des opérations, tous les cadres de renseignements à fournir aux époques prescrites , enfin qui soumette à sa méthode et à son vocabulaire correct et lucide toutes les expressions qu'il doit traduire dans le langage de ses écritures et de ses comptes généraux.

C'est à ce chef principal qu'il appartiendrait aujourd'hui de préparer, de concert avec les autres directeurs et les fonctionnaires supérieurs de l'administration, les dispositions d'ordre et de comptabilité que la commission a soumises, dans le cours de ce rapport, à l'approbation du ministre ; ce serait à lui de les spécifier dans un règlement général et de les expliquer dans des instructions détaillées aux divers préposés chargés de leur exécution. Il aurait ensuite à faire pénétrer dans les habitudes, par une correspondance active et par une surveillance continue, l'usage des formes nouvelles dans tous les degrés de l'administration, à en faciliter l'intelligence et à en maintenir l'application régulière à tous les faits accomplis.

———

CONCLUSION.

La commission a terminé l'examen de toutes les parties de la comptabilité des travaux publics ; elle a exposé dans ses procès-verbaux et dans ce dernier résumé ses opinions et ses vues sur les améliorations dont les procédés actuels lui paraissent susceptibles ; elle croit, en conséquence, avoir accompli toute la mission qui lui a été confiée, et devoir déposer entre les mains du ministre les vingt-sept procès-verbaux de ses séances, les modèles d'écritures qui ont été arrêtés dans ses délibérations, enfin le présent rapport qui contient l'analyse de son travail et les motifs de ses propositions.

Ce 14 août 1849.

Les Membres de la Commission,

D'AUDIFFRET, Président à la Cour des comptes ;
MASSON, Maître des requêtes au conseil d'État;
CHENIN, Inspecteur des finances.

RÈGLEMENT SPÉCIAL

SUR LA COMPTABILITÉ

DU MINISTÈRE DES TRAVAUX PUBLICS.

TITRE Ier.

Dispositions générales.

ARTICLE 1er.

Exposé sommaire du système général de la comptabilité du ministère des travaux publics.

La comptabilité des divers services ressortissant au ministère des travaux publics a pour base des écritures élémentaires constatant tous les faits de dépense à mesure qu'ils se produisent.

ART. 2.

Les écritures élémentaires sont tenues par les agents chargés de la surveillance immédiate des travaux, et font l'objet de *journaux* ou *carnets d'attachements*, sur lesquels tous les faits de dépense sont inscrits successivement par ordre de date.

ART. 3.

Les articles inscrits sur le journal sont rapportés et classés sur un *sommier*, où sont ouverts autant de comptes qu'il y a de crédits distincts.

ART. 4.

Les résultats des comptes du sommier sont arrêtés à la fin de chaque mois et résumés dans une *situation mensuelle,* qui est remise au fonctionnaire immédiatement supérieur dans l'ordre hiérarchique.

Art. 5.

Les résultats de toutes les situations mensuelles fournies par les agents secondaires sont résumés dans un état récapitulatif adressé à l'administration centrale.

Art. 6.

Dans les départements, les états récapitulatifs des divers chefs de service sont remis aux préfets, qui, avant de les transmettre au ministère des travaux publics, en résument les résultats par chapitre du budget, dans un bordereau unique, qui est également envoyé au ministère, pour servir d'élément à la tenue des écritures de l'administration centrale.

Art. 7.

Mandatement par les ingénieurs en chef des dépenses du service des ponts et chaussées.

Les mandats de payement concernant les dépenses du service des ponts et chaussées seront délivrés, à l'avenir, par les ingénieurs en chef.

A cet effet, les ordonnances de délégation seront sous-déléguées aux ingénieurs en chef.

La répartition des ordonnances par service d'ingénieur en chef aura lieu conformément aux indications contenues dans les avis d'ordonnances adressées aux préfets par le ministère des travaux publics.

Les préfets demeurent titulaires des crédits de délégation sous-délégués aux ingénieurs en chef des ponts et chaussées, et continuent à en rendre compte dans les bordereaux mensuels qu'ils doivent adresser au ministre des travaux publics, en exécution des articles 256 et 257 de l'ordonnance du 31 mai 1838.

Art. 8.

Approbation par les préfets de diverses dépenses.

Les préfets sont autorisés à approuver, dans la limite des crédits ouverts, les propositions des ingénieurs en chef des ponts et chaussées, relatives aux dépenses dont la nomenclature suit :

1° Acquisitions de terrains, d'immeubles, etc., dont le prix ne dépasse pas 5,000 francs ;

2° Indemnités mobilières ne s'élevant pas au delà de 1,000 fr. ;

3° Indemnités pour dommages n'excédant pas 1,000 francs ;

4° Frais accessoires aux acquisitions d'immeubles, aux indemnités mobilières et aux dommages ci-dessus désignés ;

5° Loyers de magasins, terrains, etc., ne dépassant pas 500 fr. ;

6° Secours aux ouvriers réformés, blessés, etc., dans les limites déterminées par les instructions.

Il est rendu compte des approbations accordées par les préfets pour les dépenses détaillées ci-dessus, au moyen d'états trimestriels établis par les ingénieurs et adressés au ministre des travaux publics.

TITRE II.

Service des ponts et chaussées.

COMPTABILITÉ DU CONDUCTEUR.

Art. 9.

Journal ou carnet d'attachements.

Tout conducteur attaché à l'exécution des travaux tient un *journal* ou *carnet d'attachements* (*modèle n° 1*), sur lequel il inscrit tous les faits de dépense, à mesure qu'ils se produisent, par ordre chronologique, sans lacune, sans classification, quels que soient les ateliers confiés à sa surveillance auxquels ces faits se rapportent.

Ce journal contient, sur la page de gauche, le libellé des opérations et leurs résultats, soit en quantités seulement, soit à la fois en quantités et en deniers, suivant les divers cas.

En regard de chaque fait, il reçoit, sur la page de droite, les croquis et l'indication des pièces dont les détails ne peuvent pas être inscrits sur le carnet, enfin les renseignements propres à justifier les quantités et les sommes portées sur la page de gauche.

Les piqueurs et surveillants placés sous les ordres du conducteur sont pourvus de carnets semblables pour les ouvrages confiés à leur surveillance.

Les résultats consignés sur les carnets des piqueurs et surveillants sont rapportés par le conducteur sur son propre journal.

Art. 10.

Les carnets sont délivrés par l'ingénieur en chef à l'ingénieur ordinaire, qui en numérote les feuillets et les paraphe par premier et dernier, avant de les remettre aux conducteurs.

Chaque agent est responsable, vis-à-vis de l'administration, de toutes les indications qu'il consigne sur son carnet et des omissions commises dans ses écritures. Il ne doit se dessaisir de ce carnet que sur l'ordre de ses chefs. Quand il cesse ses fonctions, il l'arrête et le remet à l'ingénieur.

Les carnets remplis sont visés *ne varietur* par l'ingénieur, qui les dépose dans les archives de son bureau.

Les carnets successivement remis, dans une même année, à chaque conducteur, reçoivent une série de numéros.

Art. 11.

Tout est écrit à l'encre sur les carnets.

Chaque attachement porte un numéro et est précédé de la date à laquelle il se rapporte.

Les attachements qui, par leur nature, doivent être contradictoires, reçoivent sur le carnet la signature de la partie intéressée. En cas de refus de celle-ci, le conducteur prévient aussitôt l'ingénieur.

Les dépenses qui figurent sur les carnets ne sont portées en compte qu'autant qu'elles sont ensuite admises par les ingénieurs. L'inscription sur le carnet ne constitue pas titre pour les entrepreneurs.

Le carnet est fréquemment visé par l'ingénieur.

Art. 12.

Livret de caisse pour les avances à un régisseur comptable.

Pour les travaux exécutés en régie au moyen d'avances remises à un agent du service, régisseur-comptable, il est fait usage d'un carnet spécial (*Modèle n° 1 bis*), désigné sous le nom de *livret de caisse*.

Ce livret contient sur la page de gauche l'indication des numéros et des dates des mandats délivrés au nom du régisseur-comptable, l'inscription en toutes lettres et de la main du payeur des payements faits au régisseur, et la même indication en chiffres.

La page de droite indique, par ordre chronologique, les payements successivement effectués par le régisseur. On y trouve les dates de ces payements, la nature des dépenses, le montant des sommes payées et celui des pièces justificatives produites au payeur.

L'ingénieur constatera sur le carnet les résultats des vérifications qu'il doit faire des écritures, des pièces et de la caisse du régisseur.

Art. 13.

Feuille d'attachements des journées.

Les journées d'ouvriers sont constatées par des feuilles d'attachements (*Modèle n° 2*), tenues sur chaque atelier par le piqueur ou le surveillant.

Ces feuilles, arrêtées à la fin du mois, ou plus fréquemment s'il est nécessaire, sont remises au conducteur, qui en inscrit immédiatement les résultats sur son carnet.

A la fin du mois, toutes les feuilles de journées sont envoyées à l'ingénieur.

Art. 14.

Procès-verbal de réception des matériaux.

Les réceptions définitives de matériaux sont faites par l'ingénieur ordinaire, accompagné du conducteur, et en présence de l'entrepreneur.

Elles sont constatées par des procès-verbaux de réception (*Modèle n° 3*), dressés en triple expédition. L'une des expéditions est remise à l'entrepreneur, la seconde est conservée par l'ingénieur, et la troisième est envoyée à l'ingénieur en chef.

Les quantités de matériaux reçues font immédiatement l'objet d'un article au journal du conducteur.

ART. 15.

Feuille de repiquages.

Lorsque des travaux de repiquage sont exécutés pour l'entretien des chaussées pavées, les résultats en sont constatés par des feuilles spéciales (*Modèle n° 4*).

Le piqueur ou surveillant inscrit chaque soir sur son carnet les résultats des feuilles de la journée.

Il remet ces feuilles au conducteur, qui, après les avoir vérifiées, en constate sommairement le résultat sur son journal, et les envoie à la fin du mois à l'ingénieur.

ART. 16.

Sommier.

Les faits de dépense, inscrits chronologiquement par le conducteur sur son journal ou carnet d'attachements, sont rapportés par article de ce carnet sur un *sommier* (*Modèle n° 5*), où un compte particulier est ouvert à chacun des crédits dont ce conducteur est chargé de surveiller l'emploi.

ART. 17.

Au moyen des éléments extraits du journal ou carnet d'attachements, et rapportés à chacun des comptes ouverts ou sommier, le conducteur établit, à la fin de chaque mois, les états ci-après désignés qu'il envoie à l'ingénieur ordinaire, et qui servent de base à la comptabilité que ce fonctionnaire doit tenir pour l'ensemble de son service, et aux propositions de payement qu'il doit adresser à l'ingénieur en chef.

ART. 18.

État des travaux en régie exécutés à la tâche.

Les travaux en régie exécutés par des tâcherons sont détaillés sur des états conformes au *modèle n° 6*.

ART. 19.

Décompte des cantonniers.

Le décompte des cantonniers, éclusiers, gardes et autres agents est établi sur un état *modèle n° 7*.

ART. 20.

Situations mensuelles. — Travaux d'entretien.

Les situations mensuelles des travaux d'entretien, dits de première catégorie, sont présentées par route, pont, rivière, etc., conformément aux *modèles n*^{os} 8 et 8 bis.

Travaux neufs et grosses réparations.

Les situations mensuelles des travaux neufs et de grosses réparations, dits de deuxième catégorie (*Modèle n° 9*), sont produites par article et par entreprise.

Art. 21.

Métrés détaillés des travaux.

Les ouvrages exécutés sont portés sur les situations mensuelles (*Modèles n*^{os} 8, 8 bis *et* 9) en quantités sommaires. Pour justifier ces quantités, le conducteur doit joindre, lorsqu'il y a lieu, à chacune de ces situations un métré détaillé dans la forme du modèle Annexe 8, 8 *bis* et 9.

Art. 22.

Bordereau des pièces envoyées à l'ingénieur.

Les états et situations adressées chaque mois par le conducteur à l'ingénieur ordinaire sont accompagnés d'un bordereau conforme au *modèle n°* 10.

Ces pièces doivent parvenir à l'ingénieur ordinaire le 5 de chaque mois au plus tard.

COMPTABILITÉ DE L'INGÉNIEUR ORDINAIRE.

Art. 23.

L'ingénieur ordinaire centralise, vérifie et coordonne tous les résultats constatés et produits par les conducteurs placés sous ses ordres.

Il les établit dans sa comptabilité conformément aux articles qui suivent.

Art. 24.

Décompte des cantonniers.

L'ingénieur ordinaire dresse, à la fin de chaque mois, d'après les états partiels (*Modèle n°* 7) fournis par les conducteurs, le *décompte mensuel* (*Modèle n°* 11) des sommes dues à tous les cantonniers, éclusiers, gardes et autres agents de son service.

Art. 25.

Rôle des journées d'ouvriers.

Les feuilles d'attachement des journées d'ouvriers, reçues par l'ingénieur de tous les conducteurs de son arrondissement, sont résumées, chaque mois, dans un état récapitulatif (*Modèle n°* 12).

Art. 26.

Livre de comptabilité.

Tous les faits de comptabilité concernant un service d'ingénieur ordinaire sont classés méthodiquement dans un registre (*Modèle n° 13*) désigné sous le nom de *Livre de comptabilité de l'ingénieur ordinaire*.

Ce livre se compose des parties détaillées ci-après :

1° La sous-répartition des crédits affectés aux dépenses du service ;

2° Une série de comptes ouverts aux différents articles de la sous-répartition ;

3° Un compte des fonds ordonnancés et appliqués au payement des dépenses d'après les distributions faites par l'ingénieur en chef du service ;

4° Un journal d'inscription des certificats pour payement délivrés par l'ingénieur ordinaire ;

5° Une série de comptes récapitulatifs, *par chapitre du budget*, des dépenses faites et des mandats délivrés.

L'ingénieur ordinaire doit tenir un livre spécial de comptabilité pour chacune des deux catégories du *service ordinaire* et pour les *travaux extraordinaires*.

Art. 27.

État sommaire mensuel des dépenses.

A la fin de chaque mois, l'ingénieur ordinaire dresse un état sommaire des dépenses de son service (*Modèle n° 14*).

Les sommes à porter sur cet état sont celles qui résultent des divers comptes du livre de comptabilité arrêtés au dernier jour du mois.

Une colonne spéciale est destinée à recevoir l'indication des dépenses qui seront faites dans les deux mois qui suivent celui pour lequel l'état est dressé.

Ce compte mensuel est envoyé à l'ingénieur en chef avec les états n°ˢ 11 et 12, et doit lui parvenir le 9 du mois suivant.

Art. 28.

Procès-verbaux de réception provisoire et définitive.

L'ingénieur ordinaire constate la réception provisoire des travaux d'une entreprise par un procès-verbal (*Modèle n° 15*) dressé en triple expédition. L'une des expéditions est envoyée à l'ingénieur en chef, une autre remise à l'entrepreneur, et la troisième conservée dans le bureau de l'ingénieur ordinaire.

A l'expiration du délai de garantie, l'ingénieur ordinaire se transporte de nouveau sur les lieux pour examiner les travaux, et s'il reconnaît qu'ils satisfont aux conditions du devis et sont en bon état d'entretien, il déclare qu'il y a lieu d'en accorder la réception définitive.

Il dresse procès-verbal de cette opération dans la forme du *modèle n° 15 bis*.

Ce procès-verbal est suivi d'un décompte des ouvrages exécutés, certifié par l'ingénieur ordinaire, et présenté à l'acceptation de l'entrepreneur.

Le procès-verbal de réception définitive est adressé à l'ingénieur en chef, pour être vérifié et approuvé par lui, s'il y a lieu.

<h3 style="text-align:center">ART. 29.</h3>

Certificat pour payement à un entrepreneur.

Lorsqu'il y a lieu de faire un payement à un entrepreneur, l'ingénieur ordinaire rédige un *certificat pour payement*, indiquant la nature et le montant des dépenses (*Modèle n° 16*).

Décompte des ouvrages exécutés et des dépenses faites.

Cette pièce doit être accompagnée d'un décompte (*Modèle n° 16 bis*) en quantités et en deniers des ouvrages exécutés et des dépenses faites par l'entrepreneur, pour justifier la proposition du payement. Ce décompte contient une situation comparative des fonds ordonnancés mis à la disposition de l'ingénieur ordinaire sur le chapitre du budget qui doit supporter le payement proposé, et des certificats pour payement précédemment délivrés.

Le certificat pour payement et le décompte sont envoyés à l'ingénieur en chef; le certificat de payement est seul produit au payeur à l'appui du mandat.

<h3 style="text-align:center">ART. 30.</h3>

Certificat pour payement à toute autre personne qu'un entrepreneur.

Les certificats pour payement à toute autre personne qu'un entrepreneur sont rédigés par l'ingénieur ordinaire dans la forme du *modèle n° 17*.

Ils sont adressés à l'ingénieur en chef, qui les revêt, s'il y a lieu, de son approbation.

<h3 style="text-align:center">ART. 31.</h3>

Bordereau des pièces remises au payeur, pour justifier l'emploi d'une avance.

La justification de l'emploi des sommes avancées à un régisseur comptable s'opère, pour chaque mandat, par la remise au payeur des pièces régulières, revêtues de l'acquit des parties prenantes auxquelles le montant du mandat a été distribué.

Ces pièces font l'objet d'un bordereau (*Modèle n° 18*), en double expédition, dressé par le régisseur-comptable, vérifié par l'ingénieur ordinaire et approuvé par l'ingénieur en chef.

Les deux expéditions sont remises, avec les pièces à l'appui, au payeur, qui en rend une au régisseur comptable, pour lui servir de décharge, après y avoir signé la mention constatant la réception des quittances et pièces justificatives énoncées dans le bordereau.

ART. 32.

État trimestriel des indemnités de terrain et des dépenses diverses réglées avec l'approbation du préfet.

A l'expiration de chaque trimestre, l ingénieur ordinaire dresse, pour son service, un état (*Modèle n° 19*) des indemnités et des dépenses diverses qui ont été réglées avec l'approbation du préfet pendant le cours du trimestre.

Ces états trimestriels, dressés par les ingénieurs ordinaires, sont vérifiés par l'ingénieur en chef, soumis au visa du préfet et envoyés au ministère des travaux publics.

ART. 33.

Situation définitive des crédits et des dépenses au 31 décembre.

L'ingénieur ordinaire arrête, au 31 décembre, les divers comptes de son livre de comptabilité et en consigne les résultats sur un état de situation définitive (*Modèle n° 20*).

Cet état présente, pour chaque article de la sous-répartition, les dépenses autorisées, les crédits ouverts et les dépenses effectuées.

On y établit la situation des diverses entreprises, sans y comprendre le détail des ouvrages exécutés et dépenses faites, ni appeler les entrepreneurs à l'accepter.

On y rappelle sommairement, par article de la sous-répartition, les dépenses indiquées à l'article 8, en mentionnant les états trimestriels ou les décisions ministérielles qui les comprennent.

Une situation définitive doit être établie pour chacune des deux catégories du *service ordinaire* et pour les *travaux extraordinaires*.

ART. 34.

A la fin de l'année, l'ingénieur ordinaire dresse les décomptes de toutes les entreprises de son service ; il les envoie à l'ingénieur en chef, après les avoir notifiés, dans la forme ordinaire, aux entrepreneurs.

COMPTABILITÉ DE L'INGÉNIEUR EN CHEF.

ART. 35.

L'ingénieur en chef centralise, dans sa comptabilité, tous les faits de dépense, tant ceux qui résultent des états fournis par les ingénieurs ordinaires, que ceux dont il rend personnellement compte.

Il dresse et remet au préfet, pour être transmis au ministre des travaux publics, des états récapitulatifs qui présentent la situation des différentes parties de son service.

Art. 36.

Livre de comptabilité.

Le livre de comptabilié de l'ingénieur en chef (*Modèle n° 21*) se compose des comptes ci-après :

Crédits.

1° Un compte des crédits ouverts par chapitre du budget ;

2° Un compte de la distribution de ces crédits par service d'ingénieur ;

3° Un compte de sous-répartition des crédits par article de dépense.

Dépenses.

4° Une situation à la fin de chaque mois des dépenses faites par route, pont, rivière, etc.;

5° Une situation, à la fin de chaque mois, des dépenses et des mandats par chapitre du budget et par service d'ingénieur.

Ordonnances de fonds.

6° Un compte général des fonds ordonnancés, présentant, d'une part, les ordonnances de délégation affectées au service général, et, d'une autre part, la distribution, par service d'ingénieur, des fonds ordonnancés.

Mandats délivrés.

7° Un journal d'inscription des mandats délivrés ;

8° Un état récapitulatif, par service d'ingénieur, des mandats délivrés.

Art. 37.

Registre des comptes ouverts.

L'ingénieur en chef tient un registre où des comptes sont ouverts à tous les articles de la sous-répartition (*Modèle n° 22*).

Chaque compte reçoit toutes les indications qui concernent la comptabilité de l'entreprise ou de la dépense autorisée, et en présente constamment la situation comparative avec les autorisations données, les crédits ouverts et les mandats délivrés.

Les dépenses du personnel donnent lieu à des comptes spéciaux par chapitre du budget, et dont la forme est indiquée par le *modèle n° 22 bis*.

Art. 38.

Situation mensuelle sommaire des crédits et des dépenses.

L'ingénieur en chef établit, à la fin de chaque mois, une situation sommaire des crédits et des dépenses (*Modèle n° 23*).

Cette situation rappelle, par article et par chapitre du budget, les crédits alloués.

Elle fait connaître, aussi par article et par chapitre du budget, les dépenses faites jusqu'à la fin du mois.

Elle est terminée par un résumé présentant, par chapitre du budget, les crédits alloués, les dépenses faites, les ordonnances délivrées et les mandats émis.

Elle indique, par aperçu, les dépenses à faire pendant les deux mois qui suivent celui pour lequel l'état est dressé.

Cette situation mensuelle, arrêtée par l'ingénieur en chef, est adressée, le 12 de chaque mois, au plus tard, à la préfecture, qui la transmet immédiatement au ministère.

Les situations sommaires des crédits et des dépenses sont adressées au ministère pour chacun des douze mois qui composent la période de dépense de l'exercice. La situation du mois de décembre doit comprendre toutes les dépenses à imputer sur l'exercice.

Art. 39.

État continuatif mensuel.

Pendant la partie de la seconde année de l'exercice qui est réservée à la liquidation définitive et au payement des dépenses, l'ingénieur en chef doit établir, à la fin de chaque mois, un *état continuatif (Modèle n° 24)*.

Cet état rappelle, par chapitre, les crédits alloués, les dépenses faites au 31 décembre précédent, et indique les ordonnances délivrées, ainsi que les mandats émis.

Il est arrêté par l'ingénieur en chef et envoyé au préfet, qui le transmet au ministre des travaux publics.

Art. 40.

État du personnel.

L'ingénieur en chef continuera de dresser, pour chaque mois, les états d'appointements des ingénieurs et conducteurs du service qu'il dirige (*Modèle n° 25*). Ces états seront produits au payeur à l'appui des mandats de payement.

Art. 41.

Forme des mandats et avis de leur délivrance.

Les mandats sont établis dans la forme du *modèle n° 26*.

Il sera donné avis (*Modèle n° 27*) de leur délivrance à l'ingénieur ordinaire qui a délivré le certificat.

Art. 42.

Bordereau journalier des mandats émis.

Chaque jour où l'ingénieur en chef délivre des mandats sur

le payeur, il adresse à ce comptable un bordereau (*Modèle n° 28*), et il y joint les pièces justificatives.

Les expéditions d'actes administratifs à fournir comme pièces justificatives seront certifiées conformes par l'ingénieur en chef.

Les mandats ne doivent être remis aux parties prenantes qu'après l'envoi au payeur du bordereau ci-dessus mentionné.

ART. 43.

Bordereau mensuel des mandats émis.

L'ingénieur en chef doit, comme sous-délégataire des ordonnances, rendre compte au préfet de l'emploi des ordonnances sous-déléguées.

En conséquence, il établit, à la fin de chaque mois, un bordereau détaillé (*Modèle n° 29*) des mandats qu'il a délivrés pendant le mois sur chaque chapitre du budget. Il termine ce bordereau par le rappel sommaire des mandats délivrés pendant les mois antérieurs, de manière à présenter en définitive la situation totale des mandats délivrés depuis le commencement de l'exercice.

Le bordereau ci-dessus mentionné est adressé au préfet par l'ingénieur en chef.

ART. 44.

État trimestriel des dépenses du personnel. — Agents soumis à la retenue.

Aux situations sommaires des mois de mars, juin, septembre et décembre, l'ingénieur en chef joint un état (*Modèle n° 30*) des dépenses du personnel de son service assujetti aux retenues pour la caisse des retraites.

Cet état présente, par chapitre et individuellement, les appointements, frais fixes, frais de voyage et dépenses éventuelles, depuis le commencement de l'année, concernant les ingénieurs, les conducteurs embrigadés, et les officiers et maîtres de port.

On ne doit porter sur cet état que le net des appointements, attendu que les retenues à verser à la caisse des retraites sont ordonnancées directement, par les soins de l'administration centrale, au nom du caissier de la caisse des dépôts et consignations.

Agents non soumis à la retenue.

L'ingénieur en chef doit également joindre à la situation des mois de mars, de juin, de septembre et de décembre un état (*Modèle n° 30 bis*) des dépenses concernant le personnel des conducteurs auxiliaires, piqueurs, surveillants et autres agents secondaires, lesquels ne sont pas assujettis aux retenues pour la caisse des retraites.

Cet état présente individuellement les appointements, frais de déplacement, et autres dépenses de personnel, depuis le commencement de l'année jusqu'à la fin du trimestre.

Art. 45.

Résumé de la situation, au 31 décembre, des dépenses dont l'ingénieur en chef
rend personnellement compte.

L'ingénieur en chef dresse, au 31 décembre, un état récapitulatif de toutes les dépenses dont il doit personnellement rendre compte.

Cet état, rédigé conformément au *modèle n° 31*, est joint à la situation définitive qui fait l'objet de l'article 46 ci-après.

Art. 46.

Situation définitive, au 31 décembre, des crédits et des dépenses.

L'ingénieur en chef résume les résultats des situations définitives des crédits et des dépenses établies par les ingénieurs ordinaires (*Modèle n° 20*), et ceux de la situation (*Modèle n° 31*) qu'il a dressée lui-même, dans une situation générale définitive (*Modèle n° 32*), au 31 décembre.

Cette situation (*Modèle n° 32*), qui s'applique à l'ensemble du service, se compose de trois parties distinctes.

Un premier tableau présente, par chapitre, les crédits qui ont été successivement alloués par le ministre.

Un second tableau rappelle les crédits alloués par article du budget et par subdivision d'article. Il présente en regard les dépenses faites pendant l'année, par article du budget et par subdivision d'article.

Un troisième tableau récapitule, par chapitre, les crédits ouverts et les dépenses faites.

Cette situation définitive est soumise au visa du préfet et transmise par lui au ministre des travaux publics.

L'ingénieur en chef doit produire une situation définitive spéciale pour chacune des deux catégories du service ordinaire, et pour les travaux extraordinaires.

Art. 47.

État final des dépenses, des ordonnances, des mandats, des payements et des créances restant à payer.

Pour clore la comptabilité de l'exercice, l'ingénieur en chef établit, à l'époque de la clôture des payements (le 31 octobre), un état final résumant, par chapitre, les ordonnances de délégation applicables au service, les dépenses constatées par les situations définitives, les mandats délivrés, les payements effectués et les sommes restant à payer pour solder les dépenses.

Cet état (*Modèle n° 33*), certifié par le payeur pour ce qui concerne les payements effectués, est soumis au visa du préfet, qui le transmet au ministère des travaux publics.

Les résultats de tous les faits qui concernent la première et la seconde catégorie du service ordinaire sont résumés dans le même état ; un état spécial doit être dressé pour les travaux extraordinaires.

ART. 48.

Tableau sommaire des mandats délivrés pour les entreprises durant plusieurs années.

Au commencement de chaque année, l'ingénieur en chef dresse un tableau sommaire (*Modèle n° 34*) des mandats qu'il a délivrés, pendant l'année précédente, pour les entreprises dont l'exécution a embrassé ou embrassera plusieurs années.

On doit porter pour ordre sur ce tableau les entreprises non liquidées qui n'ont donné lieu, pendant le courant de l'année, à la délivrance d'aucun mandat.

Toutes les fois qu'une entreprise aura été résiliée ou abandonnée, ou qu'elle aura été continuée par voie de régie au compte de l'entrepreneur, le résultat de la liquidation définitive de l'entreprise dont le décompte est remis au payeur, en exécution de l'article 101 du règlement du 16 septembre 1843, devra être indiqué dans la colonne d'observations de ce tableau.

Ce tableau annuel doit être remis au payeur, en double expédition avant le 1er mars.

ART. 49.

Projets de budget.

Les projets de budget qui doivent être présentés chaque année à l'administration centrale avant l'ouverture de l'exercice seront, à l'avenir, établis dans la forme du *modèle A*.

Projets de sous-répartition.

Les projets de sous-répartition des crédits seront dressés conformément au *modèle B*.

TITRE III.

Service des bâtiments civils.

ART. 50.

Journal ou carnet d'attachements.

L'inspecteur, le sous-inspecteur ou l'un des agents attachés à l'exécution des travaux des bâtiments civils tient un *journal* ou *carnet d'attachements* (*Modèle n° 1er*), sur lequel il inscrit tous les faits de dépense, à mesure qu'ils se produisent, par ordre chronologique, sans lacune et sans classification.

ART. 51.

Les carnets sont délivrés par l'architecte, qui en numérote les

feuillets et les parafe par premier et dernier, avant de les remettre aux inspecteurs, sous-inspecteurs ou autres agents.

Chaque agent est responsable de toutes les indications qu'il
consigne sur son carnet et des omissions commises dans ses
écritures. Il ne doit se dessaisir de ce carnet que pour le com-
muniquer aux divers agents qui ont à le consulter dans l'intérêt
du service. Quand il cesse ses fonctions, il l'arrête et le remet à
l'architecte.

Les carnets remplis sont visés *ne varietur* par l'architecte, qui
les dépose dans les archives du bureau.

Les carnets successivement remis dans une même année à
chaque agent reçoivent une série de numéros.

Art. 52.

Tout article est écrit à l'encre sur les carnets.

Chaque attachement porte son numéro, sa date, et l'indication
de la subdivision du crédit à laquelle il se rapporte.

Les attachements qui, par leur nature, doivent être contradictoires, reçoivent sur le carnet la signature de la partie intéressée. En cas de refus de celle-ci, l'agent prévient aussitôt l'architecte.

Les dépenses qui figurent sur les carnets ne sont portées en
compte qu'autant qu'elles sont ensuite admises par l'administration. L'inscription sur le carnet ne constitue pas titre pour les
entrepreneurs.

Les métrés sont, quand il en est besoin, accompagnés de
croquis cotés, que l'on place sur la page de droite du carnet.

Lorsque les dessins seront de trop grande dimension pour être
portés sur les carnets, ils formeront des feuilles séparées qui
seront rappelées sur le carnet par un numéro d'ordre.

Le carnet sera fréquemment visé par l'architecte.

Art. 53.

Sommier.

Les quantités consignées sur le journal des attachements (et
arrêtées contradictoirement, lorsqu'il y a lieu) sont reportées
sur un sommier (*Modèle n° 2*) à des comptes ouverts par
article du devis et par entrepreneur.

Ces mêmes quantités seront ensuite converties en argent au
moyen de l'application des prix de la série ou des prix spéciaux
pour les travaux en dehors de la série. Le produit de cette conversion est inscrit dans une dernière colonne, dont le résultat
devient le chiffre de la somme due à l'entrepreneur.

Les objets de dépense de même nature, et à régler au même
prix, pourront être réunis dans un seul article.

Au commencement du sommier, un état général indique les
dépenses autorisées par article et par chapitre du devis.

Art. 54.

Ètat mensuel sommaire des dépenses.

A la fin de chaque mois, l'architecte résume, dans un état sommaire des dépenses (*Modèle n° 3*), les résultats des sommiers tenus par les agents sous ses ordres.

Cet état présente, par article du devis et par subdivision de crédit, les dépenses faites depuis le commencement de l'année.

Dans les départements, les états sommaires mensuels sont remis au préfet, qui les transmet au ministre des travaux publics, après en avoir consigné les résultats dans ses propres écritures.

A Paris, ils sont envoyés directement à l'administration centrale.

Art. 55.

Décomptes des ouvrages exécutés et des dépenses faites.

Les décomptes des ouvrages exécutés et des dépenses faites par les entrepreneurs (*Modèle n° 4*) sont dressés en quantités et en deniers par les agents, d'après les comptes ouverts au sommier.

Ils sont contrôlés par le vérificateur et arrêtés par l'architecte.

Dans les départements, ils sont remis au préfet, qui les transmet au ministre des travaux publics.

A Paris, ils sont adressés directement à l'administration centrale.

Art. 56.

Lorsqu'il y a lieu de faire un payement d'à-compte ou pour solde, l'architecte délivre un certificat pour payement extrait du décompte ci dessus spécifié, et indiquant la nature et le montant des dépenses, pour être produit au payeur du trésor, à l'appui de l'ordonnance ou du mandat de payement.

Art. 57.

Situation mensuelle générale des dépenses faites.

Au moyen des états sommaires (*Modèle n° 3*) transmis par les préfets pour les travaux des départements, et reçus des architectes pour les travaux exécutés à Paris, la division des bâtiments civils établit, à la fin de chaque mois, une situation générale et récapitulative des dépenses faites par entreprise et par chapitre du budget.

Cette situation est remise à la division de la comptabilité, qui y trouve les éléments nécessaires pour contrôler les chiffres consignés sur les bordereaux mensuels des préfets, en ce qui concerne les travaux des départements, et pour passer écriture des dépenses relatives aux travaux exécutés à Paris.

Art. 58.

Compte détaillé en fin d'exercice.

En fin d'exercice, la division des bâtiments civils remet à la division de la comptabilité un compte détaillé par entreprise et par chapitre du budget, présentant les dépenses de personnel, le montant des travaux exécutés, les honoraires des architectes et des vérificateurs, et les dépenses diverses.

TITRE IV.

Comptabilité des préfets.

Art. 59.

Bordereau mensuel résumant la situation de tous les services.

Les bordereaux mensuels que les préfets doivent adresser au ministère des travaux publics, en exécution des articles 256 et 257 de l'ordonnance du 31 mai 1838, seront, à l'avenir, établis conformément au *modèle n° 35*.

Ces bordereaux se composent de deux tableaux.

Le tableau de gauche présente la situation sommaire par chapitre, au dernier jour du mois, des dépenses faites, des ordonnances délivrées et des mandats émis pour tous les services du département.

Le tableau de droite donne la décomposition, par service, du total des dépenses, des ordonnances et des mandats. Les chiffres portés dans les trois colonnes de ce tableau doivent reproduire les totaux analogues des situations mensuelles remises par les divers chefs de service.

De plus, les totaux des trois colonnes de chacun des deux tableaux doivent être semblables.

Un bordereau mensuel spécial doit être produit pour les travaux extraordinaires.

Art. 60.

Le présent règlement sera exécutoire à partir du 1er janvier 1850.

Art. 61 et dernier.

Sont et demeurent abrogées toutes dispositions contraires à celles du présent règlement.

Arrêté à Paris, le 28 septembre 1849.

Le Ministre des travaux publics,

Signé T. LACROSSE.

Approuvé :

Signé L.-N. BONAPARTE.

Par le Président de la République :
Le Ministre des travaux publics,
T. LACROSSE.

MINISTÈRE DES TRAVAUX PUBLICS.

Division de la Comptabilité.

CIRCULAIRE Nº 23.

LE MINISTRE DES TRAVAUX PUBLICS A MESSIEURS LES PRÉFETS DES DÉPARTEMENTS.

Envoi du règlement spécial sur la comptabilité du ministère des travaux publics, en date du 28 septembre 1849.

Paris, le 30 octobre 1849.

Monsieur le préfet, les articles qui concernent les écritures des ingénieurs, dans le règlement du 16 septembre 1843, sur la comptabilité du ministère des travaux publics, ne font que reproduire les dispositions des circulaires de 1823 (25 janvier, 13 mars et 17 décembre). A l'époque où ces circulaires ont été rédigées, l'administration était préoccupée exclusivement de la nécessité d'obtenir des divers chefs de service les documents dont elle avait besoin pour établir les écritures de sa comptabilité centrale et les comptes d'exercice à présenter aux chambres, d'après le système nouveau dont les bases venaient d'être posées par l'ordonnance du 14 septembre 1822. Elle s'est donc bornée à déterminer la nomenclature et la forme des comptes destinés à atteindre ce but, sans rien prescrire à l'égard des écritures élémentaires qui doivent constater les dépenses.

En l'absence de règles précises tracées par l'administration, les ingénieurs ont continué à suivre, pour ces écritures élémentaires, le mode qui leur paraissait le plus convenable, et se sont bornés, soit à pratiquer le système établi par leurs prédécesseurs, soit à y introduire les modifications qu'ils croyaient nécessaires.

Chacun de ces fonctionnaires n'opérant que d'après ses propres idées, il en est résulté une grande diversité de systèmes, et les rapports des préfets m'ont appris que, dans quelques localités, cette partie du service ne présentait pas toute la régularité désirable.

Cet état de choses ne devait pas se prolonger. Il ne suffit pas, en effet, que l'administration centrale reçoive des divers chefs de service les états qui sont nécessaires pour établir les comptes généraux d'exercice qu'elle doit soumettre à la sanction législative. Il importe, avant tout, que ces états reposent sur une base positive et exempte de toute incertitude. Cette base doit consister nécessairement dans des écritures élémentaires tenues par les agents du service chargés de la surveillance immédiate des travaux, qui constatent les dépenses à mesure qu'elles s'effectuent, et qui soient toujours l'expression fidèle des faits. Il importe, en outre, qu'une méthode uniforme soit adoptée partout, afin que la règle unique devienne promptement familière à tous les fonctionnaires dépendant du ministère des travaux publics, et que chacun d'eux puisse, en prenant possession d'un nouveau service, diriger immédiatement, sans hésitation et avec une parfaite régularité, la tenue des écritures et toutes les opérations qui se rattachent à la comptabilité.

Pour atteindre ce double but de la sincérité des écritures élémentaires et de l'uniformité de la méthode, j'ai formulé un nouveau règlement spécial concernant la comptabilité du ministère des travaux publics. Ce règlement, qui porte la date du 28 septembre 1849, a été revêtu de la sanction de M. le Président de la République. J'ai l'honneur, Monsieur le Préfet, de vous en adresser ci-joint un exemplaire.

Je ne me suis pas borné, dans ce nouveau règlement, à déterminer le mode qui devra être suivi à l'avenir pour la tenue des écritures élémentaires des agents chargés, sur les chantiers, de la surveillance des travaux. J'ai parcouru le cercle entier des comptabilités spéciales dans tous les degrés de la hiérarchie, en commençant par celle de l'agent inférieur et en finissant par celle qui vous concerne, Monsieur le Préfet, et qui doit centraliser et résumer les résultats constatés par tous les services ressortissant au ministère des travaux publics dans votre département. J'ai posé les règles auxquelles sera assujettie chacune de ces comptabilités, et j'ai, de plus, déterminé le nombre et la forme des comptes qui seront tenus par chaque fonctionnaire et des états qui devront être adressés périodiquement à l'administration centrale.

Le titre Ier du règlement énonce sommairement les principes généraux sur lesquels doit reposer le système entier de la comptabilité du ministère des travaux publics. Ce système a pour base les écritures élémentaires tenues par les agents chargés de la surveillance des travaux, et, pour dernier terme, les bordereaux récapitulatifs qui doivent être dressés dans les bureaux de la préfecture.

Cette partie du règlement est terminée par deux dispositions nouvelles qui introduisent dans le service des modifications importantes.

La première de ces dispositions (article 7) a pour objet d'exonérer les préfets du soin de délivrer les mandats concernant les dépenses du service des ponts et chaussées. Les motifs qui m'ont déterminé à adopter cette mesure sont développés dans le rapport qui précède le règlement (pages 32 et 33) ; elle aura pour résultat d'accélérer la marche des affaires sans porter atteinte à la haute surveillance que vous êtes appelé, Monsieur le Préfet, à exercer sur le service des ponts et chaussées. Vos bureaux seront déchargés du travail matériel de l'expédition des mandats ; mais vous n'en resterez pas moins titulaire des crédits de délégation, et, à ce titre, vous devrez connaître l'emploi que les ingénieurs des ponts et chaussées feront des ordonnances qui leur seront sous-déléguées.

Il ne m'a point paru nécessaire d'adopter la même modification pour le service des mines, qui ne comporte qu'un très-petit nombre de mandats, et dont les dépenses ne concernent, en général, que les charges du personnel.

Les mandats qu'il pourra y avoir lieu d'expédier, dans votre département, pour le service des bâtiments civils, continueront aussi à être délivrés par vos soins.

L'article 8, qui termine le titre Ier, délègue aux préfets l'approbation de diverses dépenses qui, aujourd'hui, doivent être soumises à l'autorisation ministérielle. J'ai pensé que le moment était venu de satisfaire, dans une certaine mesure, au vœu si souvent exprimé de laisser à l'autorité locale le soin de régler directement les affaires d'une médiocre importance et de réserver l'action de l'administration supérieure pour les cas où son intervention est absolument nécessaire. La faculté qui vous est conférée, Monsieur le Préfet, par l'article dont il s'agit, ne peut manquer de produire de bons résultats, en supprimant une correspondance minutieuse et souvent sans intérêt réel, et en amenant, par conséquent, une plus prompte expédition des affaires.

Je terminerai, Monsieur le Préfet, en appelant votre attention toute particulière sur l'article 59 du nouveau règlement. Cet article a pour objet d'établir une concordance parfaite entre les résultats consignés par les divers chefs de service dans les situations qu'ils ont à vous remettre chaque mois pour être transmises au ministère des travaux publics, et les chiffres sommaires que vous devez porter sur les bordereaux récapitulatifs, dont l'envoi est prescrit par les articles 256 et 257 de l'ordonnance du 31 mai 1848 : c'est pour atteindre ce but que la forme de ces bordereaux a été modifiée. A partir du 1er janvier 1850, ils devront être dressés corformément au modèle n° 35, annexé au règlement.

Recevez, Monsieur le Préfet, l'assurance de ma considération la plus distinguée.

Le Ministre des travaux publics,

T. LACROSSE.

MINISTÈRE DES TRAVAUX PUBLICS.

Division de la Comptabilité.

CIRCULAIRE N° 24.

LE MINISTRE DES TRAVAUX PUBLICS A MM. LES INGÉNIEURS DES PONTS ET CHAUSSÉES.

Envoi du règlement spécial sur la comptabilité du ministère des travaux publics, en date du 28 septembre 1849.

Paris, le 29 novembre 1849.

Monsieur l'Ingénieur en chef, l'arrêté du 28 septembre 1849 modifie la comptabilité du service des ponts et chaussées, en soumettant à des règles uniformes les écritures élémentaires, celles qui constatent les faits de dépense à mesure qu'ils se produisent, et en y rattachant, par des liens toujours faciles à saisir, les diverses pièces destinées à résumer, justifier et faire payer les dépenses. Après avoir consacré d'importantes simplifications en ce qui concerne la délivrance des mandats et l'approbation de certaines dépenses, le nouveau règlement détermine les conditions auxquelles devra désormais satisfaire la comptabilté du conducteur chargé de la surveillance des travaux; enfin il modifie les écritures de l'ingénieur ordinaire et celles de l'ingénieur en chef. Il est essentiel que ces dispositions soient ponctuellement observées dans les trois degrés de la hiérarchie de chaque service; je vais, à cet effet, y ajouter quelques développements.

COMPTABILITÉ DU CONDUCTEUR.

C'est dans la comptabilité du conducteur qu'ont le plus manqué, jusqu'à présent, les méthodes régulières, et que l'on innovera davantage en exigeant l'uniformité. Il est dans la nature même des choses que ces agents, qui surveillent l'exécution des ouvrages, constatent l'effet de dépense dont ils sont témoins et responsables, et qu'ils fournissent à l'ingénieur ordinaire, sous cette responsabilité auxiliaire de la sienne, les éléments des pièces destinées à justifier l'emploi des fonds de l'Etat. Les conducteurs ont donc à satisfaire à la double obligation d'enregistrer, d'une manière authentique, toutes les dépenses du service dont ils sont chargés, et d'en rendre compte suivant les formes qu'exigent la division des crédits et les diverses natures des ouvrages exécutés. Il faut obtenir l'accomplissement de cette double obligation, sans multiplier les écritures au point de nuire à la surveillance des ateliers.

Quoique les formules préparées dans ce but soient au nombre de treize, les constatations et les productions claires et méthodiques que le conducteur y fera figurer ne coûteront pas plus de temps que les procédés, si divers et souvent si incomplets, auxquels on a eu jusqu'à présent recours.

Journal ou carnet d'attachements (*Modèle n° 1*).

La formule n° 1 est, de toutes, la plus importante; c'est le journal ou carnet d'attachements du conducteur, sur lequel cet agent doit inscrire, chaque jour, les dépenses faites dans sa subdivision.

Pour que les conducteurs soient bien pénétrés des principes qui doivent les diriger dans la tenue de leur carnet, on a transcrit sur la première page de ce carnet les articles 9, 10 et 11 du règlement.

Les inscriptions auront lieu au moment même où les dépenses seront reconnues et en présence des ouvrages exécutés; on y ajoutera des croquis exactement cotés, toutes les fois que cela pourra être utile à la rédaction et à la justification ultérieures des métrés.

Il est indispensable que les conducteurs s'appliquent et parviennent à vaincre les difficultés qu'ils trouveront d'abord dans ce mode d'inscriptions; on ne peut, en effet, admettre que le carnet soit tenu, non sur les faits eux-mêmes, mais sur des notes transcrites à intervalles plus ou moins longs, avec les chances d'erreurs et d'omissions qui dérivent de ces copies, loin des lieux où les faits se sont accomplis. L'habitude du carnet unique et universel, en ce qui concerne les constatations d'ouvrages et de dépenses, se prendra, du reste, d'autant plus facilement que les qualités essentielles de ce journal résideront dans l'ordre, l'exactitude et la clarté des écritures, et que l'on ne tiendra pas compte des quelques avaries qu'y causeront peut-être les voyages sur les ateliers.

Lorsque le conducteur fournira des pièces auxiliaires séparées, telles que métrés, procès-verbaux de réception, feuilles de journées, etc., il n'aura pas besoin d'enregistrer sur son carnet les détails que ces pièces contiendront; il se bornera, dans ce cas, à résumer, dans l'article libellé sur la page de gauche, la dépense faite, sa nature, son montant, etc., et à renvoyer, par une annotation sur la page de droite, à la pièce qui en justifie d'une manière détaillée.

On remarquera, quant aux travaux neufs, que l'inscription des métrés mensuels n'a pas le caractère définitif qui lui est propre en d'autres circonstances; ces métrés, en effet, dont le but est de faire obtenir des à-compte aux entrepreneurs, ne sont que des constatations provisoires que remplacent les métrés suivants; leur inscription au carnet est donc seulement la note de la situation, à la date indiquée, de l'entreprise dont il s'agit. La même observation est applicable à l'inscription d'approvisionnements de matériaux non encore reçus.

C'est, du reste, dans les travaux neufs, dont le décompte n'est parfois définitivement réglé qu'au bout de plusieurs années, qu'il est tout spécialement essentiel de n'omettre sur le carnet aucun des renseignements et des croquis utiles au règlement ultérieur des sommes dues aux entrepreneurs.

Les inscriptions de fournitures de matériaux et d'ouvrages exécutés ne comprennent point nécessairement les prix et les évaluations en argent des dépenses qui en résultent ; il faut et il suffit que l'on consigne les faits propres à rendre ultérieurement ces calculs sûrs et faciles.

Lorsque l'ingénieur ordinaire aura modifié quelques éléments de la comptabilité produite par le conducteur, les corrections que celui-ci sera ainsi forcé de faire dans les articles précédemment portés sur son carnet seront écrites à l'encre rouge, et de manière à laisser aussi apparentes que possible les premières écritures qui y figuraient.

Les piqueurs et surveillants d'ateliers tiendront des carnets auxiliaires, dont les résultats seront relevés sur le carnet du conducteur. Celui-ci vérifiera soigneusement ces résultats avant de se les approprier ; il ajoutera d'ailleurs au libellé des divers articles tous les renseignements propres à leur donner une clarté complète.

Les carnets seront fréquemment visés par les ingénieurs, dans le but de constater que leur tenue ne laisse rien à désirer ; on doit obtenir le plus tôt possible, à cet égard, l'uniformité des procédés, quelle que puisse être la variété des natures de dépenses.

Livret de caisse destiné aux régisseurs comptables. (Modèle n° 1 bis.)

La formule n° 1 *bis* est destinée au livret de caisse des régisseurs comptables ; l'article 12 du règlement indique son usage. Lorsqu'une régie est indispensable, il est du devoir des ingénieurs d'en surveiller incessamment la gestion, et de procéder fréquemment à la vérification de la caisse du régisseur. Le livret n° 1 *bis* facilitera cette opération ; l'ingénieur y constatera sommairement les résultats qu'elle aura produits. Lorsqu'un livret sera rempli, on le déposera, comme le carnet d'attachements, au bureau de l'ingénieur, après que ce fonctionnaire et le conducteur l'auront signé, *ne varietur*.

Feuille d'attachements de journées. (Modèle n° 2.)

La formule n° 2 servira à marquer les journées des ouvriers employés en régie au compte direct de l'administration ; elle devra être souvent vérifiée et visée par le conducteur. Les surveillants seront soumis, pour la tenue de cette feuille, à des règles uniformes, surtout en ce qui concerne la manière de pointer les absents à chaque reprise de travail. Il faut, en effet, qu'un conducteur puisse toujours, en arrivant à l'improviste sur un atelier, vérifier qu'il y a concordance entre la feuille et l'effectif des travailleurs.

Procès-verbal de réception de matériaux. (*Modèle n° 3.*)

Le modèle n° 3 est applicable aux réceptions des matériaux d'entretien. Quoique l'ingénieur ordinaire préside à ces réceptions, le procès-verbal qui en est rédigé fait partie de la comptabilité du conducteur, parce que cet agent, qui intervient nécessairement dans l'opération, en inscrit aussitôt les résultats dans ses écritures, et les reproduit à la fin du mois à l'ingénieur.

Feuille d'attachements des repiquages des chaussées pavées. (*Modèle n° 4.*)

La feuille n° 4 est employée dans un certain nombre de départements pour faire constater, par les surveillants des ateliers de repiquage des chaussées pavées, contradictoirement avec les commis de l'entrepreneur, les matériaux arrachés et les matériaux neufs employés pour ce travail. Ce modèle paraît pouvoir être généralisé, en laissant aux ingénieurs le soin de remplir, suivant les prescriptions des devis, les têtes des colonnes destinées à recevoir l'indication des matériaux arrachés et des matériaux neufs.

Sommier du conducteur. (*Modèle n° 5.*)

Les inscriptions au journal ne suivant d'autre ordre que l'ordre chronologique, chaque conducteur est dans la nécessité de dépouiller ce journal en classant les ouvrages et les dépenses d'après leur nature et les crédits qui s'y appliquent. Ce dépouillement méthodique s'opère sur un registre qui a reçu le nom de sommier.

Chaque article du journal est transporté sur le sommier avec son numéro, et y reçoit le numéro d'ordre du sommier, lequel est, au même moment, reporté sur le journal, comme preuve de la transcription opérée. L'exactitude du dépouillement pourra, de cette manière, être vérifiée à l'aide d'un pointage ; il sera, en outre, facile à l'ingénieur de reconnaître, à la simple inspection des carnets, si le conducteur tient son sommier au courant.

Dans chaque compte ouvert, les matériaux fournis et les travaux exécutés par un entrepreneur seront distribués dans des colonnes verticales au haut desquelles on en écrira la désignation et le prix ; les quantités seules seront enregistrées, telle qu'on les extraira du journal, en définissant, d'ailleurs, chaque article dans la colonne intitulée *Indication des travaux*. A la fin du mois, ou plus fréquemment, s'il en est besoin, on totalisera les colonnes de quantités, et, en y appliquant les prix, on établira la situation financière de l'entreprise.

Les conducteurs tiendront constamment leurs sommiers à jour; ils y trouveront ainsi, à toute époque, et avec certitude de ne rien omettre, les éléments des pièces de comptabilité qu'ils auront à produire.

Si, pour un service spécial, les conducteurs résident tous sur le même point que l'ingénieur dont ils dépendent et ont avec lui des relations continuelles, cet ingénieur préférera peut-être dépouiller lui-même les carnets, et introduire, sans l'intermédiaire des sommiers, dans sa propre comptabilité, les faits de dépense constatés par les agents secondaires ; cette méthode, qui est celle du génie militaire, a paru, après un mûr examen, ne pouvoir être que très-rarement appliquée au service des ponts et chaussées ; on n'en fera donc usage, même dans le cas qui précède, que si l'administration supérieure le permet, sur une proposition motivée de l'ingénieur en chef.

Travaux en régie à la tâche. (*Modèle n° 6.*)

L'état des travaux en régie à la tâche, formule n° 6, ne donne lieu à aucune observation ; cette pièce doit recevoir à la fois le métré et le décompte de ces travaux, ainsi que les acquits des tâcherons ; elle concourt, après avoir été sommairement enregistrée au journal, à justifier l'emploi des avances de fonds faites au régisseur.

Mémoires de fournitures. (*Modèles n° 6 bis.*)

Le modèle n° 6 *bis* a pour but de rendre uniformes les mémoires des fournitures qu'exige l'exécution des travaux.

Décompte des cantonniers, gardes, éclusiers, etc. (*Modèle n° 7.*)

Tout conducteur attaché à un service d'entretien présente, sur la formule n° 7, pour chaque mois, et par crédit, le décompte des sommes dues aux cantonniers, gardes, éclusiers et autres agents inférieurs employés dans sa subdivision.

États de situation mensuelle. (*Modèles n°ˢ 8, 8 bis et 9.*)

Les situations mensuelles des travaux et dépenses de toute nature, par route ou par entreprise, sont établies à l'aide des formules n°ˢ 8, 8 *bis* et 9 ; le conducteur y reproduit, en les récapitulant, les articles de son sommier. Les formules n°ˢ 8 et 8 *bis* servent aux travaux d'entretien, la première pour une route, et la seconde pour tout autre ouvrage ; la formule n° 9 reçoit la situation détaillée des travaux neufs ou de grosses réparations.

Ces formules font connaître les sommes dues à l'entrepreneur,

1° Pour fournitures et ouvrages exécutés ;

2° Pour dépenses diverses ;

3° Pour approvisionnements non encore reçus.

Les dépenses en régie sont récapitulées à la quatrième page, au bas de laquelle se trouve la comparaison entre le crédit et les dépenses faites.

Métrés détaillés à joindre aux états de situation mensuelle. (*Modèle annexe 8, 8 bis et 9.*)

Les métrés détaillés à joindre, pour certains ouvrages, aux états n°ˢ 8, 8 *bis* et 9, seront rédigés sur la formule annexe 8, 8 *bis* et 9.

Bordereau détaillé. (*Modèle n° 10.*)

Ces états et les pièces qui les justifient (formules n°s 2, 3, 4, 6, 7 à 8, 8 *bis* et 9) seront adressés, avant le 5 de chaque mois, par le conducteur à l'ingénieur ordinaire, accompagnés d'un bordereau détaillé, modèle n° 10.

Ces productions forment le tribut mensuel de la comptabilité du conducteur ; en établissant et justifiant les faits de dépense accomplis, elles donnent toujours le moyen de remonter à l'origine de ces faits et à leur constatation chronologique ; les numéros du journal d'attachements sont, à cet effet, inséparables des articles auxquels ils appartiennent.

COMPTABILITÉ DE L'INGÉNIEUR ORDINAIRE.

L'ordre introduit dans la comptabilité du conducteur se reproduira dans celle de l'ingénieur chargé de coordonner les éléments qui lui sont fournis ; ce fonctionnaire ne manquera désormais d'aucun moyen de vérifier leur exactitude, ainsi que les motifs qui les justifient ; sa responsabilité, assise sur des bases devenues plus solides, deviendra elle-même plus complète, et en même temps que ses écritures seront simplifiées, ses propositions acquerront une importance qui leur a manqué jusqu'à présent.

L'article 7 du nouveau règlement ayant en effet délégué aux ingénieurs en chef le soin, qui était réservé aux préfets, de mandater le payement des dépenses du service des ponts et chaussées, les ingénieurs ordinaires feront dorénavant les propositions qui étaient réservées aux ingénieurs en chef ; un meilleur système dans la constatation des dépenses aura ainsi pour résultat d'élever la mission des ingénieurs de tout grade.

Lorsque, le 5 de chaque mois, l'ingénieur aura reçu les pièces que lui doivent les conducteurs placés sous ses ordres, et que les résultats, dûment rectifiés, s'il y a lieu, en auront été introduits dans sa comptabilite, il remettra ces pièces aux conducteurs, afin que ces agents y conforment leurs écritures et en fassent ensuite le renvoi. Il y aura, de cette manière, concordance permanente entre les diverses comptabilités.

Décompte des salaires des cantonniers, gardes, etc., et des ouvriers en régie.
(*Modèles n°s 11 et 12.*)

L'ingénieur ordinaire rédigera, en résumant les éléments transmis par les conducteurs, les états n°s 11 et 12 des salaires dus aux cantonniers, gardes, éclusiers et aux ouvriers employés en régie. Cette partie de la comptabilité lui a été réservée, parce que c'est à lui qu'il appartient de régler le taux des salaires, parce qu'en outre il n'en est pas où une surveillance attentive et incessante soit plus indispensable pour prévenir toute erreur, tout abus ; il convenait donc de lier ici d'une manière étroite à la responsabilité des conducteurs celle de l'ingénieur qui a prescrit l'emploi des ouvriers, fixé les prix et vérifié les décomptes partiels.

Livre de comptabilité de l'ingénieur ordinaire. (*Modèle n° 15.*)

Le livre de comptabilité de l'ingénieur ordinaire offre quelques nouveaux développements nécessités par l'attribution à ce fonctionnaire de la délivrance des certificats pour payement des dépenses de son service. La sous-répartition des crédits, la série des comptes ouverts et le compte des fonds ordonnancés sont suivis du journal d'inscription des certificats délivrés par l'ingénieur ordinaire, et de la série des comptes récapitulatifs, par chapitre, des dépenses faites et des mandats délivrés par l'ingénieur en chef.

Les comptes ouverts aux divers articles de la sous-répartition se remplissent à l'aide des états mensuels nᵒˢ 8, 8 *bis* et 9, fournis par les conducteurs; la même page contient les douze mois de l'année et donne les totaux, en quantités et en argent pour chaque mois, des dépenses de toute nature ; on résume à la fin de l'année par des additions, dans le sens horizontal, les dépenses faites pour chaque article, et l'on trouve dans ces totaux généraux la vérification de la somme des résultats partiels obtenus pour les douze mois.

La même forme de tableau est applicable aux travaux à l'entreprise et aux travaux en régie, 1ʳᵉ et 2ᵉ catégories ; tous les faits de dépense s'y trouvent enregistrés avec détail et de manière que l'on puisse remonter à leur constatation primitive, qui est l'inscription au journal du conducteur. Les comptes récapitulatifs mettent en regard des dépenses établies par les comptes ouverts les mandats délivrés par l'ingénieur en chef, et font ainsi connaître la situation de l'État envers ses créanciers pour l'emploi de chaque crédit.

État mensuel des dépenses à la fin de chaque mois. (*Modèle n° 14.*)

L'ingénieur ordinaire doit envoyer à l'ingénieur en chef, avant le 9 de chaque mois, l'état sommaire des dépenses de son service avec les pièces dressées sur les formules nᵒˢ 11 et 12; cet état présentera les faits consignés au livre de comptabilité, et indiquera, par aperçu, les dépenses à faire dans les deux mois suivants ; on y ajoutera, d'une manière suffisamment détaillée, les renseignements et observations relatifs à la marche des travaux, et l'on évitera ainsi, à moins de circonstances exceptionnelles, la rédaction d'un compte moral séparé.

Procès-verbaux de réception provisoire et définitive. (*Modèles nᵒˢ 15 et 15 bis.*)

Les formules nᵒˢ 15 et 15 *bis* sont celles des procès-verbaux de réception provisoire ou définitive; la formule n° 15 *bis* est accompagnée du décompte définitif des ouvrages exécutés et des dépenses faites.

Certificats pour payement. (*Modèles nᵒˢ 16, 16 bis et 17.*)

Les formules nᵒˢ 16, 16 *bis* et 17 sont destinées aux certificats pour payement que l'ingénieur ordinaire est désormais appelé à rédiger. S'il s'agit d'un à-compte à un entrepreneur, le certificat n° 16 sera accompagné du décompte n° 16 *bis*, et cette dernière pièce sera conservée par l'ingénieur en chef ; si, les travaux étant achevés, il faut les solder, le procès-verbal de réception définitive et le décompte définitif, formule n° 15 *bis*, seront substitués au décompte provisoire n° 16 *bis* et produits au payeur à l'appui du mandat.

L'ingénieur ordinaire insérera dans le libellé du certificat n° 16 la récapitulation, par masses, des dépenses détaillées au décompte que conserve l'ingénieur en chef ; ce résumé des droits régulièrement constatés est, en effet, nécessaire pour motiver la sortie des fonds du trésor.

Certificat pour payement à toute autre personne qu'un entrepreneur. (*Modèle n° 17.*)

Pour les propositions de payement à toute autre personne qu'un entrepreneur, l'ingénieur ordinaire remplira, suivant les divers cas, la formule n° 17 ; la collection de modèles ci-jointe offre à cet égard deux exemples, l'un pour une indemnité de terrain due à un propriétaire, l'autre pour une avance de fonds à faire à un régisseur ; l'ingénieur n'oubliera pas que les certificats pour payement engagent à un haut degré sa responsabilité : il n'est donc pas besoin d'insister sur le soin et les précautions qu'ils exigent.

Bordereau de pièces remises au payeur pour justifier l'emploi d'une avance de fonds
(*Modèle n° 18.*)

Le bordereau, formule n° 18, des pièces remises au payeur pour justifier l'emploi d'une avance faite à un régisseur ne provoque aucune observation.

État trimestriel des indemnités et dépenses diverses. (*Modèle n° 19.*)

L'article 8 du nouveau règlement autorise, dans certaines limites, les préfets à approuver les propositions des ingénieurs en chef relatives aux acquisitions d'immeubles, indemnités, frais accessoires, loyers de magasins, terrains, etc., et secours aux ouvriers blessés ; il ne sera, du reste, rien changé aux formes ni à la marche suivies pour le règlement de ces sortes de dépenses. Lorsque les préfets n'adopteront pas les propositions des ingénieurs en chef, ils les soumettront, avec leur avis, à l'administration supérieure, qui statuera.

L'ingénieur ordinaire présentera, à la fin de chaque trimestre, et au moyen de la formule n° 19, la récapitulation de ces indemnités et dépenses, en ce qui concerne le service dont il est chargé.

Situation définitive des crédits et des dépenses au 31 décembre. (*Modèle n° 20.*)

Les états de situation définitive dressés pour chaque exercice donnent lieu aujourd'hui à de longues écritures, parce que l'on y reproduit tous les détails des ouvrages exécutés et des dépenses faites ; on réduira désormais ce travail à des proportions beaucoup moindres : il suffira, en effet, pour chaque article de la sous-répartition, de faire connaître, à l'aide de la formule n° 20, la nature et le montant des dépenses autorisées, les crédits ouverts, les dépenses faites, les mandats délivrés, en indiquant l'adjudication passée ou la décision approbative, le rabais obtenu, les noms des parties prenantes, les portions de crédits annulées et la situation de l'entreprise ; on mentionnera, dans la colonne d'observations, les clauses particulières des marchés, et, si une régie a été établie au compte de l'adjudicataire, on fera connaître le résultat financier de ce mode de gestion. Ces renseignements étant sommairement produits, la rédaction de l'état n° 20 coûtera d'autant moins de temps et de peine, que cet état ne sera qu'un extrait récapitulatif du livre de comptabilité de l'ingénieur ordinaire. On doit donc être assuré que désormais les situations définitives des dépenses des deux catégories du service ordinaire et celles des travaux extraordinaires seront remises à l'ingénieur en chef à l'époque prescrite, c'est-à-dire avant le 15 mars ; l'exactitude de cet envoi et le soin avec lequel les faits seront décrits dans les colonnes du nouvel état justifieront, en la préservant de tout inconvénient, la simplification introduite dans cette partie de la comptabilité.

Décomptes de fin d'année à notifier aux entrepreneurs.

Les entrepreneurs n'étant plus appelés à connaître et à signer l'état n° 20, il a paru indispensable de faire dresser séparément les décomptes de leurs entreprises à la date du 31 décembre et de les leur notifier, avec délai de dix jours pour la production de leurs observations à l'ingénieur en chef. Par cette mesure, les entrepreneurs auront sous les yeux, à la fin de l'année, des renseignements précis que trop souvent ils ignorent, et il n'en résultera point d'aggravation de travail pour l'ingénieur ordinaire, puisqu'il lui suffira de faire copier, pour chaque entreprise, le décompte joint au dernier certificat pour payement qu'il a délivré en fin d'exercice.

Les décomptes seront adressés à l'ingénieur en chef en même temps qu'on les notifiera aux entrepreneurs ; ces notifications seront terminées avant le 1er mars.

Une grande régularité est indispensable dans l'application de ces dispositions ; les intérêts des tiers qui y sont engagés rendent, en effet, toute négligence impossible.

COMPTABILITÉ DE L'INGÉNIEUR EN CHEF.

Livre de comptabilité de l'ingénieur en chef. (*Modèle n° 21.*)

L'article 7 du nouveau règlement, qui charge l'ingénieur en

chef de mandater le payement des dépenses de son service, a pour conséquence de modifier profondément la tenue des écritures de ce fonctionnaire. L'article 37 indique comment, dans ce nouveau système, le livre de comptabilité sera composé, et la formule n° 21 présente les divisions et subdivisions de ce livre. L'intelligence en est facile; quatre parties principales y figurent, les *crédits*, les *dépenses*, les *ordonnances de fonds* et les *mandats délivrés*. Les crédits généraux sont inscrits au premier tableau A, et distribués entre les divers services d'ingénieurs, tableau B, puis sous-répartis par article, avec indication de la nature de la dépense et de l'ingénieur qui en est chargé, tableau C.

Les dépenses que les états mensuels des ingénieurs ordinaires font connaître sont consignées, à la fin de chaque mois, sur le tableau D, par route, pont, rivière, etc.; elles le sont, en même temps, par chapitre du budget et par service d'ingénieur, sur l'état E, où l'on inscrit aussi les mandats délivrés, de telle sorte que, par la comparaison entre les dépenses et les payements, l'on puisse apprécier comment doivent être réparties, entre les chapitres et les services, les ordonnances de fonds annoncées.

Ces ordonnances et leur distribution sont enregistrées sur le tableau F. Le journal d'inscription des mandats délivrés, tableau G, se substitue à celui des certificats pour payement que tenait l'ingénieur en chef, et, pour que la situation de l'emploi des fonds soit complétement établie, les mandats sont récapitulés, par service d'ingénieur, sur le tableau H; les résultats de ces différents tableaux se vérifient mutuellement.

Registre des comptes ouverts. (*Modèles n*os 22 *et* 22 *bis*.)

Les comptes ouverts à chacun des articles de la sous-répartition, modèle n° 22, forment un registre séparé du livre de comptabilité, parce que celui-ci n'est établi que pour une année, tandis que le premier comprend des entreprises d'une plus longue durée, et ne se remplace que lorsqu'il est rempli. La page de gauche recevra les renseignements relatifs aux dates, aux dépenses et aux crédits, en ce qui concerne les entreprises; ces indications sont formulées par des tableaux à colonnes, afin qu'elles soient partout inscrites de la même manière.

Pour les dépenses du personnel, les comptes ouverts sont tenus, par chapitre, dans la forme dont le modèle n° 22 *bis* indique les dispositions.

Situation mensuelle et état continuatif. (*Modèles n*os 23 *et* 24.)

Les modèles n°s 23 et 24 de l'état sommaire des crédits et des dépenses, par article de la sous-répartition et de l'état continuatif des crédits, dépenses, ordonnances et mandats, n'ont besoin d'aucune explication; ce sont, avec quelques simplifications, les pièces actuellement en usage.

Certificat pour payement des dépenses du personnel. (*Modèle n° 25.*)

L'ingénieur en chef continuera de dresser, pour chaque mois, les états des appointements dus aux ingénieurs et conducteurs employés dans le service qu'il dirige, formule n° 25, et ces pièces seront, comme par le passé, produites au payeur à l'appui des mandats de payement.

Mandatement.

Les règles prescrites par le règlement du 16 septembre 1843, pour la délivrance des mandats de payement, continueront d'être fidèlement observées, l'ingénieur en chef étant substitué au préfet comme ordonnateur secondaire. Si l'ingénieur en chef est absent, les mandats seront signés par l'ingénieur délégué pour le remplacer.

Mandats; avis donné aux ingénieurs ordinaires. — Bordereau journalier des mandats émis. (*Modèles n°s 26, 27 et 28.*)

Les mandats seront dressés conformément au modèle n° 26; l'ingénieur en chef en donnera avis aux ingénieurs qui ont fait les propositions de payement, par un bulletin. modèle n° 27; il adressera, chaque jour, au payeur le bordereau par exercice, formule n° 28, des mandats émis, et y joindra les pièces justificatives. La remise des mandats aux ayants droits s'opérera, d'ailleurs, par l'ingénieur en chef ou par les ingénieurs ordinaires, avec les précautions qu'indique le règlement de 1843.

Refus de payement par un payeur.

En cas de refus par un payeur de payer un mandat délivré sur sa caisse, l'ingénieur en chef peut, usant du droit conféré à l'ordonnateur par l'article 88 du règlement de 1843, requérir, par écrit, sous sa responsabilité et la condition d'en rendre immédiatement compte au ministre, qu'il soit passé outre au payement; le payeur alors y procède sans délai; l'ingénieur en chef, toutefois, n'aura recours à cette mesure que si elle est justifiée par l'urgence; il sera préférable, s'il n'y a pas urgence, qu'il defère à l'administration supérieure les difficultés que le payeur élève; il évitera par là d'engager sa responsabilité.

Bordereau mensuel des mandats émis. (*Modèle n° 29.*)

L'ingénieur en chef rendra compte, chaque mois, au préfet des mandats par lui délivrés (modèle n° 29), et établira, à la fin du bordereau détaillé, le total de ses mandats depuis le commencement de l'exercice. C'est en réunissant les bordereaux fournis pour les divers services d'ingénieur en chef, s'il y en a plusieurs dans son département, que le préfet composera la situation mensuelle, par chapitre, des dépenses, des ordonnances et des mandats imputés sur les crédits de l'exercice, situation qu'il doit envoyer, chaque mois, au ministère des travaux publics.

Étals trimestriels des dépenses du personnel. (*Modèles n°s 30 et 30 bis.*)

L'article 44 du nouveau règlement est relatif aux états trimestriels des dépenses du personnel assujetti à la retenue pour la caisse des retraites, et de celles du personnel qui en est exempt. (Modèles n°s 30 et 30 *bis.*)

Situation définitive, au 31 décembre, des dépenses dont l'ingénieur en chef rend personnellement compte. (*Modèle n° 31.*)

L'état de situation définitive, au 31 décembre, des dépenses dont l'ingénieur en chef rend personnellement compte, sera non moins simplifié que l'état analogue dressé par l'ingénieur ordinaire. On se bornera, en effet (modèle n° 31), à récapituler ces dépenses par masses avec rappel des décisions qui les ont autorisées. Ce résumé pourra suffire à l'administration centrale, parce que les détails lui en auront été successivement fournis dans le courant de l'exercice.

Situation définitive, au 31 décembre, des crédits et des dépenses. (*Modèle n° 32.*)

Dans l'état modèle n° 32, l'ingénieur en chef résumera la situation, au 31 décembre, des crédits et des dépenses de son service, à l'aide des situations partielles dressées tant par les ingénieurs ordinaires que par lui-même. Après avoir rappelé les crédits généraux par chapitre, il présentera leur subdivision par article, ainsi que les dépenses imputables sur les fonds de l'exercice ; puis il récapitulera les crédits et dépenses par chapitre, en indiquant les retenues pour garantie.

Les formules qui complètent la collection (modèles n°s 33, 34, A et B) existent déjà, à quelques différences près, et n'exigent ici aucune explication.

Le règlement du 28 septembre est exécutoire à partir du 1er janvier prochain. Les payements de l'exercice 1849 s'achèveront toutefois suivant le mode actuel.

Je ne crois pas avoir besoin, Monsieur, de vous recommander, en terminant cette instruction, l'observation attentive des nouvelles règles auxquelles la comptabilité va être soumise ; vous y reconnaîtrez, à la fois, des améliorations réelles et une nouvelle preuve de l'estime et de la confiance que le Gouvernement accorde aux ingénieurs. Assujettir tous les faits de dépenses à des enregistrements primordiaux dont la forme et l'enchaînement assurent l'authenticité, et relier méthodiquement à cette origine les reproductions successives de ces faits, c'est donner à la comptabilité des bases qui lui manquaient ; supprimer pour un certain nombre de cas la nécessité d'une décision ministérielle, et abréger les développements des pièces à produire, c'est rendre la marche des affaires plus rapide, et réserver aux ingénieurs plus de temps pour l'étude et l'exécution des travaux ; enfin, élever la responsabilité des fonctions, c'est élever les fonctionnaires eux-mêmes, et, sous ce rapport, les avantages du nouveau règlement vous apparaîtront avec évidence dans les divers degrés de la hiérarchie. Ces dispositions n'auront assurément que d'heureuses conséquences ; elles ne profiteront pas seulement à la comptabilité, mais aux autres parties du service, dont elles rendront la surveillance plus facile et plus complète.

Recevez, Monsieur l'Ingénieur en chef, l'assurance de ma considération très-distinguée.

Le Ministre des travaux publics,
BINEAU.

MINISTÈRE DES TRAVAUX PUBLICS.

Division de la Comptabilité.

EXTRAIT DE LA CIRCULAIRE Nº 6.

Instructions pour l'exécution du règlement du 28 septembre 1849.

Paris, le 16 mars 1850.

Monsieur le Préfet, j'ai reçu de MM. les préfets de plusieurs départements, et de MM. les ingénieurs en chef chargés de différents services, des observations sur quelques-unes des dispositions du règlement spécial sur la comptabilité, en date du 28 septembre 1849, et des demandes d'instructions pour résoudre diverses difficultés auxquelles son application peut donner lieu.

Déjà j'ai répondu à plusieurs de ces observations et levé quelques difficultés, mais, comme il importe que toutes les questions soient résolues d'une manière générale et que l'uniformité s'établisse dans tous les services, je viens ajouter quelques développements à la circulaire du 30 octobre de mon prédécesseur, et à ma circulaire du 29 novembre suivant.

L'article 7 du règlement porte que les ordonnances de délégation concernant le service des ponts et chaussées seront sousdéléguées aux ingénieurs en chef. Les préfets n'ont pas à s'occuper de ces sous-délégations, attendu qu'elles sont effectuées d'office par l'administration centrale du ministère des travaux publics, et que la direction du mouvement général des fonds au ministère des finances y donne la suite nécessaire.

L'article 8 du règlement autorise les préfets à approuver les propositions des ingénieurs en chef relatives à certaines dépenses. Les limites de 5,000 francs pour les indemnités de terrain et de 1,000 francs pour les indemnités de dommages sont posées pour chacune des parcelles de terrain qu'il s'agit d'acquérir et pour chacun des propriétaires qui ont éprouvé des dommages.

Ces dispositions s'appliquent aux acquisitions faites et aux dommages causés antérieurement au 1er janvier 1850, pourvu toutefois que, lorsqu'il y a eu décision du conseil de préfecture, cette décision ne paraisse pas devoir donner lieu à un pourvoi au conseil d'Etat.

J'attache beaucoup d'importance à ce que MM. les ingénieurs n'usent de la faculté accordée par cet article que pour les dépenses qui y sont explicitement énoncées. Les dépenses relatives au personnel, aux frais d'impressions, aux achats d'instruments et d'objets mobiliers, etc., restent, comme par le passé, soumises à mon approbation. J'en excepte seulement les frais d'impressions, de cartonnage, d'emballage et de transport des formules du nouveau règlement, qui seront réglés avec votre approbation, Monsieur le Préfet, et dont MM. les ingénieurs rendront compte dans l'état trimestriel (modèle n° 19).

L'article 12 exige l'inscription, *de la main du payeur*, sur le livret de caisse, des payements faits au régisseur. Par le mot *payeur*, il faut entendre tout agent du trésor chargé de remettre au régisseur la somme pour laquelle un mandat lui a été délivré.

Un agent du service, quel que soit le nombre de régies dont il aura été nécessaire de le charger, et quelle que soit la nature des fonds destinés à payer les dépenses, ne doit jamais avoir qu'un seul livret de caisse, comme il n'a qu'un seul carnet d'attachements, quels que soient les ateliers confiés à sa surveillance.

Le modèle de la feuille d'attachements des journées a donné lieu à quelques observations. Cette formule devant être imprimée dans les départements par les soins de MM. les ingénieurs en chef, rien ne s'oppose à ce qu'en conservant le format, le cadre général, et surtout les inscriptions destinées à assurer l'enchaînement des écritures, on y fasse les légers changements qui paraîtront nécessaires pour l'adapter plus facilement aux besoins des différents services.

Il en est de même des procès-verbaux de réception de matériaux (modèle n° 3), des feuilles de repiquages (modèle n° 4), du sommier (modèle n° 5), et des situations mensuelles (modèles n°s 8, 8 *bis* et 9), dont les colonnes recevront les indications relatives aux espèces de matériaux et de main-d'œuvre employées dans chaque département et chaque service.

Le conducteur doit ouvrir sur son sommier autant de comptes distincts que l'ingénieur ordinaire lui a notifié d'articles ou de sous-articles de la sous-répartition. Chacun de ces articles ou sous-articles pourra d'ailleurs, toutes les fois que les ingénieurs le jugeront convenable pour la facilité des inscriptions et des vérifications, être divisé par section de l'avant-métré, par ouvrage d'art, par nature de travaux, etc., en plusieurs parties qui seront réunies dans un compte récapitulatif sur la page suivante du sommier.

J'appelle surtout l'attention de MM. les ingénieurs sur la nécessité de faire séparer, d'une manière parfaitement distincte, les ouvrages dont le métré est définitif et sur lequel il n'y aura plus à revenir, des approvisionnements et des ouvrages non terminés : on ne saurait, en effet, se dispenser de porter, sur le sommier et sur les états qui en sont extraits, les approvisionnements et les ouvrages non terminés, puisqu'ils constituent un service fait, et par conséquent une créance à la charge de l'Etat ; mais il importe que ces faits de dépense, dans leurs transformations successives, ne puissent donner lieu à aucune confusion, et que des colonnes spéciales ou des feuilles du sommier soient toujours réservées pour recevoir toutes les indications qui s'y rapportent.

Les modèles n° 6 (Travaux en régie à la tâche), n° 6 *bis* (Mémoires de fournitures) et n° 12 (Rôle de journées d'ouvriers), et quelques-uns des exemples donnés sur le livre de comptabilité, ont fait penser que le nouveau règlement avait substitué au mode de mandatement individuel prescrit par le règlement du 16 septembre 1843, les payements par un régisseur pour le salaire des cantonniers et des ouvriers auxiliaires et pour les fournitures de quelque importance : il n'en est rien. Les exemples donnés s'appliquent à quelques départements et à quelques services dans lesquels le mode des mandats individuels présente trop de difficultés. Pour tous les autres services, le mandatement individuel continuera à ête employé ; et pour y adapter les formules nouvelles, il suffira de supprimer ce qui se rapporte au régisseur, et de mettre, dans la 9ᵉ colonne du modèle n° 6 et dans la 8ᵉ colonne du modèle n° 12, au lieu de l'acquit, l'indication des résidences. Quant au modèle n° 11, sur lequel la colonne destinée à l'acquit des parties prenantes n'existe pas, il y a lieu d'y ajouter une colonne pour indiquer la résidence du cantonnier ou du percepteur qui doit acquitter le mandat.

Il convient aussi d'ajouter sur ces trois modèles nᵒˢ 6, 11 et 12, à l'extrême droite, une colonne dans laquelle le numéro du mandat délivré à chacun des ouvriers ou tâcherons sera inscrit par les soins de l'ingénieur en chef. Enfin, dans les services où, dans l'intérêt des cantonniers, l'usage est établi de verser, soit à la caisse d'épargne, soit à la caisse d'une association régulièrement organisée, une partie du salaire de ces ouvriers, on ajoutera deux colonnes qui indiqueront le montant des retenues et les sommes restant à payer.

On rétablira sur le modèle n° 16 (Certificat pour payement), comme elle existe sur le modèle n° 17, la mention du numéro du journal des certificats, qui a été oubliée dans l'impression.

Le tableau de la situation des fonds, qui figure sur les modèles nᵒˢ 16 *bis* et 17, doit être dressé par l'ingénieur ordinaire ; il se rapporte aux fonds qui ont été mis à sa disposition par l'ingénieur en chef, et il importe que, pour établir la concordance entre les écritures, ce tableau soit toujours exactement rempli sur l'une des deux expéditions du certificat qui doit rester entre les mains de l'ingénieur en chef, sous-ordonnateur des dépenses.

Quelques ingénieurs en chef **ont** demandé dans quelle forme ils doivent notifier aux ingénieurs ordinaires les fonds destinés à leur service. Il a été établi, à cet effet, une nouvelle formule, sous le n° 22 *ter*, qui sera incessamment adressé à MM. les ingénieurs chefs de service.

Pour le payement, au moyen de mandats individuels, des cantonniers, des ouvriers auxiliaires et des tâcherons, l'ingénieur ordinaire délivrera, par article de la sous-répartition, un seul certificat, auquel il joindra le décompte des cantonniers en double expédition (modèle n° 11), ou le rôle des journées d'ouvriers employés (modèle n° 12), ou l'état des travaux à la tâche (modèle n° 6).

Afin de ne pas trop multiplier les mandats, les ouvriers et fournisseurs payés directement pourront ne recevoir qu'un seul mandat par mois, après la production des états de situation. Toutefois, le mandatement, pour cette partie du service, pourra avoir lieu à des époques plus rapprochées, si l'ingénieur en chef le juge convenable.

Quant aux avances à faire aux régisseurs, les mandats devront être échelonnés de manière que le montant n'en soit touché que la veille des payements à effectuer ou tout au plus quelques jours auparavant. Les sommes à toucher par les régisseurs devront en outre être déterminées à raison de l'importance des besoins immédiats du service, et de façon que l'encaisse restant disponible soit toujours renfermé dans les limites les plus étroites.

Les états de situation définitive des travaux exécutés et dépenses faites en 1849 doivent être dressés dans la forme prescrite par les anciens règlements. Toutefois, ceux de MM. les ingénieurs dont le travail ne sera pas trop avancé pourront suivre la forme déterminée par le règlement du 28 septembre 1849, mais à la condition expresse de se conformer, pour la notification des décomptes de toutes les entreprises, aux dispositions de l'article 34 de ce règlement.

Les modèles n°s 22 et 22 *bis* indiquent dans quelle forme doivent être dressés les comptes ouverts sur le livre de comptabilité de l'ingénieur en chef pour les entreprises et pour le personnel. Il est bien entendu que des comptes semblables seront ouverts, lorsqu'il y aura lieu, pour les cantonniers, éclusiers, etc., pour les ouvriers auxiliaires, pour les dépenses diverses, etc. Ces comptes seront établis dans la forme des modèles n°s 22 B et 22 D.

Telles sont, Monsieur le Préfet, les instructions qu'il me paraît nécessaire d'ajouter à celles qui vous ont déjà été adressées ; elles résolvent toutes les difficultés qui m'ont été soumises. Si quelques-unes des observations que j'ai reçues accusent une connaissance encore incomplète des dispositions du nouveau règlement, j'ai vu avec satisfaction que ces dispositions étaient sérieusement étudiées, et que chacun s'efforçait de les appliquer aux exigences si diverses des services qui ressortissent au ministère des travaux publics, et je ne doute pas que les difficultés de détail qui se présenteront encore ne soient parfaitement résolues. Je compte sur votre concours, Monsieur le Préfet, ainsi que sur celui de MM. les ingénieurs et de M. le payeur de votre département, pour atteindre ce but de la manière la plus simple et la plus propre à accélérer l'expédition des affaires.

Il me reste à vous faire connaître quelles sont les formules qui devront être imprimées dans les départements, et celles qui seront fournies par l'administration centrale.

Toutes les formules de la comptabilité du conducteur, les nᵒˢ 11, 12, 15, 15 *bis*, 16, 16 *bis*, 17 et 18 de la comptabilité de l'ingénieur ordinaire, les nᵒˢ 22 *ter*, 25, 26, 27, 28 et 29 de la comptabilité de l'ingénieur en chef, et toutes les feuilles intercalaires seront imprimées par les soins de MM. les ingénieurs en chef des différents services, soit qu'ils les fassent fournir par les imprimeurs des départements, soit qu'ils s'adressent aux imprimeurs de Paris. Je recommande de nouveau à MM. les ingénieurs de s'éloigner le moins possible des modèles joints au nouveau règlement, de n'apporter aucun changement dans les formats des modèles qui leur ont été adressés, et de n'oublier aucune des inscriptions qui assurent l'enchaînement des écritures.

Les formules qui seront destinées à la comptabilité des travaux extraordinaires devront être imprimées sur papier chamois.

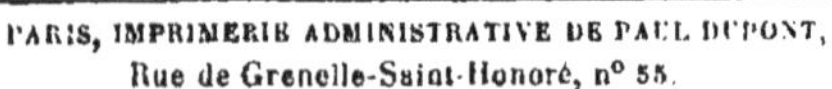

PARIS, IMPRIMERIE ADMINISTRATIVE DE PAUL DUPONT,
Rue de Grenelle-Saint-Honoré, nᵒ 55.

www.ingramcontent.com/pod-product-compliance
Ingram Content Group UK Ltd.
Pitfield, Milton Keynes, MK11 3LW, UK
UKHW031828170726
13836UKWH00004B/1549